W0174737

hänssler

Billy Graham

Von unsichtbaren Mächten geborgen

Die Deutsche Bibliothek — CIP-Einheitsaufnahme

Graham, Billy:
Von unsichtbaren Mächten geborgen / Billy Graham.
[Übers. von Wilfried Reuter]. 2. Aufl. — Neuhausen-Stuttgart :
Hänssler, 1993
(TELOS-Bücher ; Nr. 677 : TELOS-Taschenbuch)
ISBN 3-7751-X
NE: GT
2. Auflage 1993
TELOS-Taschenbuch Nr. 677
Bestell-Nr. 70.677
© Copyright 1975 by Word Publishing, Dallas, Texas
Originaltitel: Angels — God's Secret Agents
Übersetzt von Wilfried Reuter
© Copyright der deutschen Ausgabe 1976/1992 by Hänssler-Verlag
Neuhausen-Stuttgart
Das vorliegende Buch ist die sprachlich überarbeitete Neuausgabe des
TELOS-Paperbacks Nr. 1092 »Engel — Gottes Geheimagenten«
Titelbild: Eric Bach / Superbild-Archiv, Grünwald / München
Umschlaggestaltung: Daniel Dolmetsch
Satz: AbSatz Ewert-Mohr, Klein Nordende
Printed in Germany

Inhalt

Vorwort

Als ich vor einiger Zeit eine Predigt über Engel ausarbeiten wollte, fand ich praktisch keine Literatur zu diesem Thema in meiner Bibliothek. Ich entdeckte auch bald, daß in unserem Jahrhundert sehr wenig zu diesem Komplex geschrieben worden war. Dies schien mir eine eigenartige, nahezu sträfliche Unterlassung zu sein. In Buchläden und Büchereien kann man ganze Regale voller Bücher über Dämonen, das Okkulte und den Teufel finden. Warum wird dem viel mehr Aufmerksamkeit gewidmet als den Engeln? Viele Menschen scheinen den Teufel auf eine Ebene mit Gott zu stellen. Aber in Wirklichkeit ist der Teufel lediglich ein gefallener Engel.

Burne-Jones schrieb an Oscar Wilde: »Je materialistischer die Wissenschaft wird, um so mehr Engel werde ich malen. Die Flügel meiner Engel sind meine Demonstrationen für die Unsterblichkeit der Seele.«

Calvin formulierte im ersten Band seiner *Institutio:* »Engel sind die Spender und Verwalter der göttlichen Wohltaten uns gegenüber. Sie achten auf unsere Sicherheit, übernehmen unsere Verteidigung, richten unsere Wege und sind beständig auf der Hut, daß uns keine Unbill zustoße.«

Engel nehmen in der Bibel einen viel wichtigeren Platz ein als der Teufel und seine Dämonen. Aus diesem Grund habe ich mich an ein biblisches Studium dieses Themas gewagt. Es war nicht nur für mein persönliches Leben sehr gewinnbringend sondern dieses Thema ist auch gerade heute von viel größerer Bedeutung als je zuvor in der Geschichte.

Die Bibel sagt uns, daß die Engel auch in die Geschäfte der Völker eingreifen. Gott benutzt sie oft, um ein Urteil über ein Volk zu vollstrecken. Sie leiten, trösten und bewahren das Volk Gottes mitten im Leiden und in der Verfolgung. Martin Luther sagte einmal in seinen *Tischreden:* »Ein Engel ist ein Geistwesen, ohne Körper, von Gott zum Dienst an der Christenheit und der Kirche erschaffen.«

Mitten in der Weltkrise, durch die wir in den vor uns liegenden Jahren werden gehen müssen, wird dieses Thema für die Gemeinde Jesu Trost und Inspiration bedeuten — und für Nichtchristen eine Herausforderung und Hinführung zum Glauben.

Blaise Pascal hat einmal gesagt: »Wenn gewisse Autoren von ihrem Werk sprechen, sagen sie ›mein Buch‹, ›meine Geschichte‹. Es wäre treffender, ›unser Buch‹, ›unser Kommentar‹, ›unsere Geschichte‹ zu sagen, weil ihre Werke gewöhnlich mehr von anderen Leuten enthalten als von ihnen selbst.«

In diesem Sinne ist dies auch »unser Buch«. Ich danke allen, die mir geholfen haben, daß dieses Buch erscheinen konnte. Es ist mein Gebet, daß Gott es gebrauchen möge, um den Kranken und Sterbenden Trost zu bringen, daß es denen neuen Mut schenkt, die unter dem Druck des Alltagslebens leiden, und Führung für alle bedeutet, die durch die Geschehnisse unserer Generation frustriert sind.

Montreat, North Carolina   Billy Graham

Warum ein Buch über Engel?

Meine Frau wurde in China geboren und wuchs auch dort auf. Sie erinnert sich noch, daß es in ihrer Kindheit in den Bergen Tiger gab, und erzählte dazu folgende Geschichte: Eines Tages ging eine arme Frau zu den Ausläufern der Berge, um Gras zu schneiden. Auf ihren Rücken hatte sie einen Säugling gebunden, und ein kleines Kind lief neben ihr her. In der Hand hielt sie eine scharfe Sichel. Plötzlich hörte sie ein fürchterliches Gebrüll. Entsetzt schaute sie sich um und erblickte einen Tiger mit zwei Jungen hinter sich. Diese chinesische Mutter war nie in die Schule oder in die Kirche gegangen, aber eine Missionarin hatte ihr von Jesus erzählt, »der aus der Not erretten kann«. Als die tödlichen Klauen des Tigers bereits ihren Arm und ihre Schultern berührten, schrie die Frau in äußerster Bedrängnis auf: »Jesus, hilf mir!« Die blutrünstige Bestie setzte nicht zu einem neuen Sprung an, um sich diese leichte Beute zu sichern, sondern drehte sich plötzlich um und rannte davon.

Die Bibel sagt: »Denn er hat seinen Engeln befohlen, daß sie dich behüten auf allen deinen Wegen« (Ps 91,11). Hatte Gott einen Engel geschickt, der dieser armen, unwissenden Chinesin helfen sollte? Gibt es auch heute noch übernatürliche Wesen, die in die Angelegenheiten der Menschen und Völker eingreifen können?

Hilfe von Engeln

Dr. S. W. Mitchell, ein gefeierter Neurologe in Philadelphia, war nach einem besonders anstrengenden Tag zu Bett gegangen. Plötzlich wurde er durch ein Klopfen an der Tür geweckt. Als er öffnete, stand draußen ein kleines Mädchen, das ärmlich gekleidet und ganz verstört war. Sie erzählte ihm, daß ihre Mutter sehr krank sei, und daß er doch bitte mitkommen solle, um ihr zu helfen. Es schneite draußen und war bitter kalt. Trotz seiner Müdigkeit zog sich Dr. Mitchell an und folgte dem Mädchen.

Nach dem Bericht aus *Das Beste aus Reader's Digest* fand er die Mutter mit einer heftigen Erkältung im Bett liegend vor. Nachdem er sie medizinisch versorgt hatte, gratulierte der Arzt der Mutter zu ihrer tüchtigen und energischen kleinen Tochter. Die Mutter sah ihn eigenartig an und sagte: »Mein Tochter ist vor einem Monat gestorben.« Dann fügte sie hinzu: »Ihre Schuhe und ihr Mantel befinden sich in dem Schrank dort drüben.« Der erstaunte Arzt ging zu dem Schrank und öffnete die Tür. Dort hing derselbe Mantel, den das Mädchen getragen hatte, das ihn um Hilfe bat. Der Mantel war warm und trocken und konnte unmöglich in der nassen, kalten Nacht getragen worden sein.

Ist es möglich, daß der Arzt von einem Engel in dieses Haus geholt worden war, der ihm in der Gestalt des kleinen Mädchens begegnete? Handelte es sich hier um das Werk eines Engels, der für die kranke Frau sorgte?

Rev. John G. Paton, Missionar auf den Neuen Hebriden, berichtete von einem bewegenden Ereignis, bei dem er die bewahrende Macht der Engel Gottes erlebte: Feindliche Eingeborene hatten eines Nachts seine Missionsstation umlagert. Sie wollten das Haus in Brand stecken und die Missionare töten. John Paton und seine Frau beteten die ganze schreckliche Nacht hindurch, daß Gott sie bewahren möge. Als der Tag zu dämmern begann, sahen sie zu ihrem Erstaunen, wie die Angreifer abzogen. Sie wußten, daß Gott sie bewahrt hatte und dankten ihm für ihre Rettung.

Ein Jahr später bekehrte sich der Häuptling dieser Eingeborenen zu Jesus Christus. John Paton, der die Nacht nicht vergessen hatte, fragte den Häuptling, was ihn und seine Männer damals bewogen hätte, ihre bösen Absichten aufzugeben. Der Häuptling antwortete erstaunt: »Wer waren denn die vielen Männer bei euch?« — »Es waren doch keine Männer bei uns, meine Frau und ich waren ganz allein«, antwortete der Missionar. Aber der Häuptling bestand darauf, daß Hunderte von Männern in leuchtenden Gewändern und mit gezogenen Schwertern um das Haus herum gestanden hätten. Darum war den Eingeborenen alle Angriffslust vergangen. Erst da erkannte John Paton, daß Gott seine Engel geschickt hatte, um sie zu beschützen. Auch der Häuptling fand keine andere Erklärung. Könnte es sein, daß Gott eine Legion Engel schickte, um das gefährdete Leben seiner Diener zu beschützen?

Ein persischer Kolporteur wurde von einem Mann belästigt, der ihn fragte, ob er das Recht habe, Bibeln zu verkaufen. »Ja, natürlich«, antwortete er, »wir dürfen diese Bücher im ganzen Land verkaufen!« Der Mann sah verwirrt aus und fragte: »Wie kommt es denn, daß Sie immer von Soldaten umgeben sind? Ich wollte Sie schon dreimal überfallen. Aber als ich die Soldaten sah, bin ich wieder weggelaufen. Jetzt habe ich es aufgegeben.« Waren diese Soldaten himmlische Wesen?

Im Zweiten Weltkrieg wurde Hauptmann Eddie Rickenbakker über dem Pazifischen Ozean abgeschossen. Vier Wochen lang hörte man nichts von ihm. Die Zeitungen berichteten von seinem Verschwinden, und Tausende von Menschen im ganzen Land beteten für ihn. Oberbürgermeister La Guardia forderte die ganze Stadt New York auf, für ihn zu beten. Dann kam er zurück. Die Sonntagszeitungen brachten große Schlagzeilen, und in einem Artikel erzählte Hauptmann Rickenbacker, was geschehen ist. »Was jetzt kommt, würde ich gar nicht berichten«, schrieb er, »wenn es nicht sechs Augenzeugen dafür gäbe. Eine Möwe kam plötzlich aus dem Nichts angeflogen und ließ sich auf meinem Kopf nieder. Ich konnte sie mit meiner Hand fangen. Diese Möwe teilten wir dann unter uns auf. Wir aßen alles, selbst die kleinen Knochen. Nie wieder hat etwas so gut geschmeckt!« Diese Möwe rettete das Leben von Hauptmann Rickenbacker und seinen Kameraden. Jahre später bat ich ihn, mir diese Geschichte noch einmal persönlich zu erzählen, denn durch dieses Erlebnis hatte Rickenbacker zu Christus gefunden. Er sagte: »Ich habe keine Erklärung dafür, außer daß Gott seine Engel schickte, um uns zu retten.«

Während meines Dienstes habe ich Tausende solcher Berichte gehört oder gelesen. Sollte es sich in allen Fällen um Halluzinationen, um Zufälle, Schicksale oder Glück handeln? Oder handelte es sich um ganz reale Engel, die Gott geschickt hatte, um die jeweilige Aufgabe zu erfüllen?

Der gegenwärtige Dämonenkult

Noch vor wenigen Jahren hätten die meisten gebildeten Menschen über solche Gedanken gelacht oder gespottet. Die Wissenschaft saß auf dem Thron und war darauf abgestellt, nur das Sichtbare und Meßbare zu akzeptieren. Übernatürliche

Wesen wurden als Unsinn, als Hirngespinst einer kranken Phantasie abgetan.

Dies hat sich geändert. Denken wir nur an die morbide Faszination, die das Okkulte auf die moderne Gesellschaft ausübt.

Wenn wir eine Buchhandlung in London betreten, zu einem Kiosk auf einem modernen Flughafen gehen, eine Universitätsbibliothek besuchen — überall finden wir ganze Regale voller Bücher über den Teufel, Satansanbetung und dämonische Besessenheit. Eine ganze Anzahl von Hollywoodfilmen, viele Fernsehprogramme und Liedtexte des harten Beat beschäftigen sich mit diesen Themen. Die Rolling Stones hatten sich in den 60er Jahren mit ihrem Titel »Sympathy for the devil« an die Spitze der Hitlisten gesungen und damit »teuflische« Themen in der Musikszene salonfähig gemacht.

Inzwischen sind daraus die Musikrichtungen des Heavy Metal und schließlich des Black Metal hervorgegangen. Letztere sind gekennzeichnet durch blutrünstige und alles Magisch-Satanische verherrlichende Liedtexte.

Bereits vor 20 Jahren hatte sich »Der Exorzist« als einer der größten Kassenschlager der Filmgeschichte erwiesen. Mit diesem Thema, das von manchen Intellektuellen nur belächelt wird, befassen sich inzwischen Universitätsprofessoren (John Updike, Harvey Cox). Es ist eine Ironie der Zeitgeschichte, daß noch vor zwei Generationen Wissenschaftler eine deutliche Abnahme des Glaubens an das Übernatürliche voraussagten. Das Gegenteil ist eingetreten!

In der Tageszeitung einer mittelgroßen Stadt stieß ich auf die Kino- und Theateranzeigen. Auf den Schock, der mich traf, war ich gänzlich unvorbereitet. Die Filme und Theaterstücke drehten sich um Sadismus, Mord, Besessenheit, Dämonismus, Teufelsanbetung und ähnliches — von den Sexfilmen ganz zu schweigen. Jede Anzeige versuchte die andere zu überflügeln.

Selbst in den christlichen Verlagen sind in letzter Zeit zahllose Bücher über den Teufel und die Dämonen erschienen. Katholische und evangelische Autoren haben darüber geschrieben. Ich persönlich glaube, daß wir dem Teufel zu viel Aufmerksamkeit mit diesen Büchern geschenkt haben. Ich habe sogar selbst ein Buch über den Teufel und seine Dämonen geschrieben, es aber bisher nicht erscheinen lassen. Ich frage mich, ob ich es überhaupt tun soll.

Die Wirklichkeit und Macht Satans

Die Bibel lehrt, daß Satan ein reales Wesen ist, das gemeinsam mit seinen Helfershelfern, den Dämonen, in dieser Welt am Werk ist. Zur Zeit des Neuen Testamentes haben sie ihre Anstrengungen verdoppelt, um das Werk Jesu Christi, des Sohnes Gottes, zunichte zu machen. Die offensichtliche Zunahme satanischer Aktivitäten in unserer Zeit ist sicherlich ein Hinweis darauf, daß die Wiederkunft Jesu Christi nahe bevorsteht. Überall stoßen wir auf die Auswirkungen satanischer Machenschaften. Wir beobachten sie in den Kriegen und anderen Krisensituationen, die die Menschen täglich in Mitleidenschaft ziehen. Wir können das Wirken Satans auch in seinen Angriffen auf einzelne Glieder des Leibes Jesu Christi erkennen.

Der bedeutende britische Chirurg und Psychiater Dr. Kenneth McAll verbrachte viele Jahre in China, wurde dann aber gezwungen, nach England zurückzukehren, wo er sich als Psychiater niederließ. Als er schließlich zu der Überzeugung kam, daß er vielen seiner Patienten weder mit dem Skalpell des Chirurgen noch mit der Couch des Psychiaters helfen konnte, erinnerte er sich an die Erfahrungen mit dem Dämonismus, die er im China der dreißiger Jahre gemacht hatte. Er trat einem Spezialteam bei, das ein englischer Kirchenführer, der verstorbene Bischof von Exeter, gegründet hatte und wurde eine international anerkannte Autorität auf dem Gebiet des Satanismus, der dämonischen Besessenheit und des Exorzismus. Er fungierte als Mittelsmann zwischen den Medizinern, der Internationalen Gesellschaft der Psychiater und der Kirche.

Überzeugt davon, daß scheinbar harmlose Dinge wie Wahrsagerei, Ouija-Bretter, Kartenlegen, Weiße Magie, spiritistische Sitzungen und Astrologie ganz dicht am Satanismus angesiedelt sind, warnte er Kinder und Erwachsene vor der naiven Annahme, bei dem neu entdeckten Hang zum Okkulten handle es sich um eine Modeerscheinung oder ein neues Gesellschaftsspiel, das man eben mitmacht. Dr. McAll führt aus, daß es Hunderte von Fällen gibt, wo Menschen, die zunächst unschuldig mit diesen Dingen plänkeln, nun teilweise oder völlig von Satan und seinen Dämonen kontrolliert sind.

Auch die römisch-katholische Kirche hat ihre Position im Blick auf die Geistwelt neu überdacht. Der Papst äußerte, er sei gewiß, daß sich böse Mächte, die sich gegen alle Schichten der Gesellschaft richten, auf einen personhaften Teufel und ein ganzes Reich von Dämonen stützen könnten. Und in der evangelischen Kirche ist das Interesse sowohl bei den sogenannten modernen Theologen als auch bei den Evangelikalen neu erwacht.

»Unidentifizierte Flug-Objekte«

Das neu entflammte Interesse am Okkulten und am Satanismus ist nicht der einzige Hinweis auf die gegenwärtige Offenheit gegenüber dem Übernatürlichen. Dies zeigt sich auch in den weit verbreiteten Spekulationen über die sogenannten UFOs (unidentifizierte Flug-Objekte).

Es gibt anerkannte Wissenschaftler, die behaupten, daß diese im Volksmund »fliegende Untertassen« genannten Objekte von Zeit zu Zeit von Menschen gesehen werden. Andere, ebenso ernst zu nehmende Wissenschaftler bestreiten dies. Einige Wissenschaftler glauben sogar den Beweis antreten zu können, daß es sich hierbei um Besucher aus dem Weltraum handele. Christliche Autoren haben die Überlegung angestellt, es könne sich bei den UFOs um Engelwesen handeln, die sich um das gesellschaftliche Universum kümmern. Wir können dies zwar nicht erhärten, aber viele Menschen suchen heute im Blick auf diese Phänomene, die sich immer häufiger und in der ganzen Welt zutragen, nach einer übernatürlichen Erklärung.

1975 wurde Japan Zeuge eines dieser unerklärlichen Ereignisse am nächtlichen Himmel. Ein Pulk ufoähnlicher Objekte, anzusehen wie eine himmlische Perlenkette, bewegte sich völlig geräuschlos über den nächtlichen Himmel und war im halben Land zu sehen. Regierungsbeamte, Polizisten und Tausende von neugierigen Bürgern starrten verwundert nach oben, als fünfzehn bis zwanzig leuchtende Objekte im Formationsflug und in eine eigenartige Wolke gehüllt über Japan dahinflogen. Diese Objekte wurden innerhalb einer Stunde in Städten beobachtet, die mehr als eintausend Kilometer voneinander entfernt waren.

Hunderte von Telefonanrufen blockierten die Leitungen zu den Polizeistationen und Regierungsstellen, als die spektakuläre Formation südwärts flog. »Alle Anrufer berichteten von einer riesigen Wolke, die über die Stadt hinwegflog. Sie berichteten weiter von eigenartigen, in gerader Formation fliegenden Objekten innerhalb dieser Wolke«, erinnerte sich der Polizeibeamte Takeo Ohira. Waren es Flugzeuge? »Nein«, sagte Hiroshi Mayazawa, »denn auf meinem Radarschirm erschienen keinerlei Flugzeuge. Es war eine außergewöhnlich klare Nacht. Mir ist das Ganze ein Geheimnis.«

Professor Masatoshi Kitamora hatte die verwirrende Erscheinung am nächtlichen Himmel vom Kontrollraum der meteorologischen Station nahe beim Flughafen von Tokio aus beobachtet. Er sagte: »Es bleibt ein Geheimnis. Auf dem Radarschirm war nichts zu sehen. Ich gab meine Beobachtungen an den Kontrollturm des Flughafens weiter. Auch dort wurden über Radar keinerlei Beobachtungen gemacht.«

Hunderte von ähnlichen Ereignissen werden jedes Jahr von jedem Erdteil gemeldet. Ein Wissenschaftler vom Atomforschungszentrum in Los Alamos sagte mir, daß es für keines dieser Phänomene eine wissenschaftliche Erklärung gäbe. Auch die spekulativen und mitunter phantastischen Erklärungen einiger Menschen helfen uns hier nicht weiter.

Andere Erklärungen

Manche ernsthafte Christen, die fest in der Schrift verwurzelt sind, halten diese UFOs für Engelwesen. Aber trifft dies zu? Diese Leute weisen auf bestimmte Stellen in den Propheten Jesaja, Hesekiel und Sacharia und auf das Buch der Offenbarung hin und ziehen dann Parallelen zu Berichten von Leuten, die sogenannte UFOs beobachtet haben. Sie vergleichen z. B. unerklärliche Ereignisse wie zuvor beschrieben mit Hesekiel 10. Dort lesen wir: »Und ich sah, und siehe, vier Räder standen bei den Cherubim, bei jedem Cherub ein Rad, und die Räder sahen aus wie ein Türkis, und alle vier sahen eins wie das andere aus. Es war, als wäre ein Rad im andern. Wenn sie gehen sollten, so konnten sie nach allen ihren vier Seiten gehen; sie brauchten sich im Gehen nicht umzuwenden … Wenn jene standen, so standen diese auch; erhoben sie sich, so erhoben sich diese auch; denn es war der Geist der Gestalten in ihnen« (Vers 9-11 und 17).

Jeder Versuch, diese Schriftstelle mit dem Besuch von Engeln in Verbindung zu bringen, ist im besten Fall Spekulation. Selbst Leute, die nicht für sich in Anspruch nehmen, an Gott oder die Bibel zu glauben, zeigen ernsthaftes Interesse an diesen Theorien.

Auch die Beschäftigung mit außersinnlichen Wahrnehmungen (ESP) hat allgemein sehr stark zugenommen. Die subjektive Wissenschaft der Parapsychologie ist einer der akademischen Forschungsbereiche, die sich an unseren Universitäten am schnellsten ausgeweitet hat. Dr. Joseph B. Rhine nahm in den dreißiger Jahren an der Duke Universität das Studium der außersinnlichen Wahrnehmungen auf, und schließlich wurde dort ein Lehrstuhl für Parapsychologie eingerichtet. Dr. Dake wurde zum Bahnbrecher auf diesem Gebiet, und inzwischen ist es Forschungsobjekt vieler namhafter Wissenschaftler. Aber nicht nur in wissenschaftlichen Kreisen wird diesem Thema Interesse entgegengebracht, sondern es ist auch ungeheuer populär, weil viele Parapsychologen erklären, keineswegs religiös zu sein. In der kommunistischen Gesellschaft (wie der Sowjetunion) wurde dieses Thema als noch honoriger betrachtet als in den USA. Dort spielte es die Rolle eines »Religionsersatzes«, wenn man auch hauptsächlich die Möglichkeiten prüfte, wie man auf diese Weise Menschen beeinflussen kann.

Bemerkenswert ist auch die Reaktion bei Talk-Shows. Wenn eine bekannte Persönlichkeit vor die Kamera tritt, wird sie oft vom Moderator gefragt: »Glauben Sie an außersinnliche Wahrnehmungen?« Ein Nein als Antwort wäre heute ebenso unvorstellbar wie vor zwei Jahrzehnten ein Ja.

Warum ich dieses Buch schrieb

Und warum jetzt ein Buch über Engel? Erweitern wir damit nicht das Feld der Spekulationen im Blick auf übernatürliche Phänomene? Welchen Wert könnte eine solche Diskussion haben? Ist nicht das Interesse an Engeln bereits im Mittelalter verblaßt?

Weil sich alle Mächte des satanischen Weltsystems auf die Menschheit gestürzt und sie frustriert und verwirrt haben, ist es, so meine ich, an der Zeit, daß wir uns auf die positiven Kräfte des christlichen Glaubens besinnen. Der Apostel Johannes sagt: »Denn der in euch ist, ist größer, als der, der in der Welt ist« (1. Joh 4,4). Satan ist durchaus in der Lage, übernatürliche Dinge zu tun. Aber er kann sich nur in dem Spielraum bewegen, den Gott ihm läßt. Gott allein ist allmächtig. Und Gott hat seinen Kindern sowohl Waffen für die Offensive als auch für die Defensive gegeben. Wir brauchen uns nicht zu fürchten. Wir müssen nicht verzagen. Wir dürfen uns nicht betrügen oder einschüchtern lassen. Wir sollen vielmehr wachsam und gefaßt sein, »damit wir nicht übervorteilt werden vom Satan; denn uns ist wohl bewußt, was er im Sinn hat« (2. Kor 2,11).

Es gehört zu Satans Taktik, uns den Blick für die Hilfen zu verdunkeln, die Gott im Kampf gegen die Mächte des Bösen zur Verfügung stellt. Aber die Bibel bezeugt, daß Gott uns im geistlichen Kampf Hilfe zukommen lassen will. Wir sind nicht allein in dieser Welt! Der Heilige Geist ist uns zur Stärkung und Leitung gegeben. Darüber hinaus teilt uns die Bibel an fast dreihundert Stellen mit, daß Gott zahllose Engel zu seiner Verfügung hat. Und Gott hat diese Engel beauftragt, seinen Kindern im Kampf gegen Satan beizustehen. Die Bibel gibt uns nicht so viele Informationen zu diesem Thema, wie wir es vielleicht gerne hätten, was sie aber darüber aussagt, sollte uns in den alltäglichen Situationen des Lebens eine Quelle des Trostes und der Kraft sein.

Ich bin zutiefst davon überzeugt, daß diese himmlischen Wesen tatsächlich existieren und daß sie uns beistehen, ohne daß wir sie wahrnehmen. Ich rechne nicht deshalb mit Engeln, weil mir jemand von einer dramatischen Engelerscheinung erzählt hat — wie eindrucksvoll solche seltenen Zeugnisse auch sein mögen. Ich beschäftige mich auch nicht deshalb mit Engeln, weil mir die UFOs zu denken geben. Ich glaube auch nicht an Engel, weil die Parapsychologen den Bereich der Geistwelt immer selbstverständlicher erscheinen lassen. Auch das weltweite plötzliche Interesse an Satan und seinen Dämonen ist für mich kein Anlaß, an Engel zu glauben. Und ich glaube auch nicht deshalb an Engel, weil ich einen gesehen habe — das ist nämlich nicht der Fall.

Ich glaube an Engel, weil die Bibel sagt, daß es Engel gibt, denn ich glaube, daß die Bibel das wahrhaftige Wort Gottes ist. Und ich glaube auch deshalb an Engel, weil ich ihre Gegenwart bei besonderen Gelegenheiten in meinem Leben erfahren habe.

Was ich also in den folgenden Kapiteln zu sagen habe, ist nicht eine Darlegung meiner Gedanken über die Geistwelt, noch eine Rückschau auf meine eigenen geistlichen Erfahrungen. Mein Anliegen ist es vielmehr aufzuzeigen, was die Bibel über Engel zu sagen hat. Natürlich wird es sich hierbei nicht um eine erschöpfende Studie handeln können. Aber ich hoffe, diese Ausführungen mögen genügend Anregung geben, um nach der Lektüre dieses Buches das Thema weiter zu vertiefen.

Geistliche Kraft und geistliche Quellen stehen allen Gläubigen zur Verfügung, und weil diese unerschöpflich sind, werden wir den Sieg davontragen. Millionen von Engeln stehen unter Gottes Befehl und sind bereit, uns zu dienen. Die himmlischen Heerscharen stehen bereit, um uns auf unserem Weg in die Herrlichkeit zu helfen. Satans Waffen dagegen sind wirkungslos. Darum brauchen wir uns nicht zu fürchten, Gott ist für uns. Er hat seine Engel beauftragt, in den Konflikt der Zeiten einzugreifen und sie werden siegen. Der Apostel Paulus sagt: »Er hat die Mächte und Gewalten ihrer Macht entkleidet und sie öffentlich zur Schau gestellt und hat einen Triumph aus ihnen gemacht in Christus« (Kol 2,15). Der Sieg über das Fleisch, die Welt und den Teufel gehört uns *jetzt!* Die Engel sind hier, um uns zu helfen, und sie sind auf jede Krisensituation eingestellt.

Es ist mein Gebet, Gott möge allen Lesern die Augen für die großartigen Möglichkeiten öffnen, die denen offenstehen, die sich an ihn wenden und ihn um Kraft bitten. Ich bete darum, daß Gott uns die Notwendigkeit der ständigen Abhängigkeit von ihm zeigen möge, und uns erkennen läßt, daß er seinen Sohn, Jesus Christus, in die Welt gesandt hat, um uns von der Schuld und von der Macht der Sünde zu befreien.

Engel sind eine Realität

Ich habe noch nie eine Predigt über Engel gehört

Als ich kürzlich diese Unterlassung in meinem eigenen Dienst korrigieren wollte, habe ich mich gefragt, warum eigentlich niemand über Engel predigt. Warum haben wir diese bedeutende biblische Lehre über die Engel unbeachtet gelassen? In seinem Buch *The Spirit World* hat der ehemalige Reporter der *New York Times,* McCandlish Phillips, ausgeführt, daß der feste Glaube an das Übernatürliche von Gott aus zu den Menschen geht, aber nie den umgekehrten Weg nimmt. Später kommt er zu dieser Unterscheidung: »Im Blick auf wissenschaftliche Entdeckungen liegt die Initiative ganz bei den Menschen. Aber im Blick auf geistliche Offenbarungen liegt die Initiative allein bei Gott. Der Mensch kann nur das wissen, was Gott ihm über das Geistliche und das Übernatürliche offenbaren will ... Wir können nichts über Engel wissen ..., was uns nicht offenbart wurde.«

Aber durch seine Offenbarung in der Bibel hat uns Gott viel mitgeteilt. Über die Bedeutung der biblischen Lehre von den Engeln sind sich deshalb auch die Theologen aller Jahrhunderte einig gewesen. Alle Bücher über Systematische Theologie handeln auch dieses Thema ab. Es wurde auch viel über die Unterscheidung zwischen guten und gefallenen Engeln geschrieben. Aber in der heutigen Zeit vernachlässigen wir die Engel, wohingegen viele Menschen dem Teufel und seinen Dämonen große Aufmerksamkeit entgegenbringen, ja, ihn sogar anbeten.

Die Engel gehören zu einer gänzlich anderen Dimension der Schöpfung, die wir Menschen wegen unserer natürlichen Begrenzung kaum verstehen können. Dieser Bereich der Engel hat ganz andere Gesetzmäßigkeiten als unser natürlicher Bereich. Gott hat den Engeln größeres Wissen, mehr Macht und Bewegungsfreiheit gegeben. Die Engel sind Gottes Botschafter in dieser Welt, die seine Geschäfte ausführen. Gott hat ihnen die Stellung von Gesandten gegeben. Er hat sie als seine heiligen Vertreter eingesetzt, um Werke der Gerechtigkeit zu vollbringen. Auf diese Weise stehen sie ihrem Schöpfer zur Verfügung, der souverän das Universum kontrolliert. Er hat ihnen die Fähigkeit gegeben, seine heiligen Unternehmungen erfolgreich auszuführen.

Engel wurden erschaffen

Wir müssen nicht alles glauben, was wir über Engel zu hören bekommen! Manche Menschen wollen uns erzählen, es handle sich bei den Engeln lediglich um schemenhafte Irrlichter. Andere wieder sehen in ihnen himmlische Wesen mit wundervollen Flügeln und gebeugten Häuptern. Oder sie werden gar als Spukgestalten hingestellt.

Die Bibel sagt uns, daß die Engel, genau wie wir Menschen, von Gott erschaffen wurden. Es gab also eine Zeit, in der keine

Engel existierten, weil nichts außer dem dreieinigen Gott, Vater, Sohn und Heiligen Geist, da war. Paulus sagt: »Denn in ihm ist alles geschaffen, was im Himmel und auf Erden ist, das Sichtbare und das Unsichtbare« (Kol 1,16). Engel gehören in der Tat zu den unsichtbaren Dingen, die Gott schuf, denn »es ist alles durch ihn und zu ihm geschaffen«. Dieser Schöpfer, Jesus Christus, »ist vor allem, und es besteht alles in ihm« (Kol 1,17). Auch die Engel könnten nicht existieren, wenn Jesus, der allmächtiger Gott ist, sie nicht durch seine Kraft erhielte.

Es scheint, daß die Engel die Fähigkeit besitzen, ihre Erscheinung zu verändern und in einem Augenblick von der Herrlichkeit Gottes zur Erde gelangen können. Obwohl es Ausleger gibt, die in den »Söhnen Gottes« in 1. Mose 6,2 Engel sehen, weist die Bibel doch immer wieder darauf hin, daß Engel eine nicht-materielle Existenz haben. Hebräer 1,14 nennt sie »dienende Geister«. Sie besitzen eigentlich keinen physischen Körper, können aber zu besonderen Zwecken auch physische Formen annehmen. Gott hat ihnen nicht die Möglichkeit der Fortpflanzung gegeben, sie »werden weder heiraten noch sich heiraten lassen« (Mk 12,25).

Das Reich der Engel ist so weit wie die Schöpfung Gottes. Wer dem Wort Gottes glaubt, wird auch an den Dienst der Engel glauben. Sowohl im Alten wie auch im Neuen Testament ist immer wieder von ihnen die Rede. Sie werden, direkt oder indirekt, fast dreihundertmal erwähnt. Was die Anzahl der Engel betrifft, so schrieb David von zwanzigtausend, die den himmlischen Wegen der Sterne folgen. Selbst bei seiner begrenzten Sicht stellte er fest: »Gottes Wagen sind vieltausendmal tausend« (Ps 68,18). Matthew Henry sagt zu diesem Vers: »Die Wagen Gottes sind die Engel. Sie sind seine Kriegswagen, die er gegen seine Feinde einsetzt, Wagen auch, die er seinen Freunden schickt, wie er es bei Elia tat ... seine Staatswagen, die seine Stärke und Herrlichkeit offenbaren. Ihre Zahl ist ungeheuer groß: vieltausendmal tausend.«

Zehntausend Engel kamen zum Berg Sinai, um die heilige Gegenwart Gottes zu bestätigen, als er Mose das Gesetz gab (5. Mose 33,2). Ein Erdbeben erschütterte den Berg, und Mose war wie gelähmt von dieser ungeheuren Offenbarung der himmlischen Wesen. Im Neuen Testament schreibt Johannes von »vieltausendmal tausend« Engeln, die um den Thron des Lammes stehen (Offb 5,11). Das Buch der Offenbarung spricht auch von ganzen Armeen von Engeln, die mit Jesus zum Kampf von Harmagedon erscheinen werden, wenn sich die Feinde Gottes zu ihrem letzten Kampf stellen. Und Paulus sagt: »Der Herr Jesus wird sich offenbaren vom Himmel her in Feuerflammen mit den Engeln seiner Macht (2. Thess 1,7).

Stellen wir uns das einmal vor! Heerscharen von Engeln, unvorstellbar mächtig, führen die Befehle des Himmels aus! Einige Gelehrte nehmen an, daß die Zahl der Engel viele Millionen beträgt, weil Hebräer 12,22 von »vielentausend Engeln« spricht. Selbst ein einzelner Engel hat als der verlängerte Arm Gottes eine unvorstellbare Macht. Die Engel sind einzeln und auch in ihrer Gesamtheit eine Realität. Sie sind besser organisiert als die Armeen Alexanders des Großen, Napoleons oder eines Heerführers der Gegenwart. Von frühesten Zeiten an, als die Engel die Tore zum Paradies verschlossen, haben sie ihre Gegenwart in der Welt dokumentiert. Gott postierte eine Schildwache der Engel, Cherubim genannt, im Osten des Gartens Eden. Sie waren nicht nur beauftragt, die Rückkehr des Menschen nach Eden zu verhindern, sondern auch »mit dem flammenden, blitzenden Schwert zu bewachen den Weg zu dem Baum des Lebens« (1. Mose 3,24), damit Adam nicht durch das Essen dieser Frucht ewiges Leben erlangen konnte. Hätte Adam trotz seiner Sünde ewig weitergelebt, wäre diese Erde schon längst in eine Hölle verwandelt worden. In diesem Sinne ist der Tod ein Segen für die Menschheit.

Engel dienen Gott und erneuern die Menschen

Beachten wir die nie dagewesene und nie wiederkehrende Szene auf dem Berg Sinai. Wenn Gott sich zu den Menschen aufmacht, ist das immer ein Ereignis von gewaltiger Größenordnung und kann die Heimsuchung durch Heerscharen von Engeln mit einschließen. In den gewaltigen Wolken, die den Berg Sinai bedeckten, verkündigte eine Trompete die Gegenwart Gottes. Der ganze Berg schien zum Leben zu erwachen. Entsetzen ergriff die Leute am Fuße des Berges. Die ganze Erde schien von namenloser Furcht ergriffen. Als Gott auf dem Berg erschien, wurde er von Tausenden von Engeln begleitet. Mose, der schweigende, einsame Zeuge, muß selbst von dieser begrenzten Schau der Macht Gottes überwältigt gewesen sein. Wir können uns kaum vorstellen, welche Schlagzeilen ein solches Ereignis in den Tageszeitungen gemacht haben würde. »Und so schrecklich war die Erscheinung, daß Mose sprach ›Ich bin erschrocken und zittere‹« (Hebr 12,21).

Die Erscheinung Gottes war unbeschreiblich herrlich. Seine Herrlichkeit leuchtete wie die Sonne im Zenit. Matthew Henry sagt in seinem Kommentar: »Sogar Seir und Paran, zwei Berge in der Nähe, wurden von der göttlichen Herrlichkeit, die auf dem Berg Sinai erschien, erleuchtet und reflektierten dieses Licht. Das Licht war so hell und grub sich so sehr in das Gedächtnis der Menschen ein, daß es zu einem Merkmal göttlicher Vorsehung wurde (Hab 3,3 - 4; Ps 18,8 - 10). Im *Targum Jeru-schalmi II* (aramäische Übersetzung von Teilen des Alten Testamentes) findet sich ein interessanter Zusatz: »Als Gott herniederkam, um das Gesetz zu übergeben, wollte er es zunächst auf dem Berg Seir den Edomitern geben. Sie aber lehnten es ab, weil es darin hieß: du sollst nicht töten. Dann wollte es Gott auf dem Berg Paran den Ismaelitern geben, aber auch sie verweigerten die Annahme, weil es darin hieß: Du sollst nicht stehlen. Dann kam Gott auf den Berg Sinai und gab Israel sein Gesetz. Und Israel sagte: Alles was der Herr sagt, wollen wir tun.« Diese Fußnote weicht natürlich vom wahren Sachverhalt ab, zeigt aber, wie die Juden späterer Tage dieses außergewöhnliche und spektakuläre Ereignis betrachteten.

Der Glaube an Engel — ein allgemeines Phänomen

Die Geschichte nahezu aller Völker und Kulturen weist in irgendeiner Form Glauben an Engelwesen auf. Die alten Ägypter statteten ihre Grabstätten mit mehr Sorgfalt und Reichtum aus als ihre Wohnungen, weil sie annahmen, daß Engel dort zu Gast sein würden. Islamische Gelehrte haben davon gesprochen, daß jedem Menschen mindestens zwei Engel zugeordnet werden: ein Engel, der die guten Taten verzeichnet, und einer für die bösen Taten. Selbst vor der Zeit des Islam und unabhängig von der Bibel lehrten einige Religionen die Existenz der Engel. Aber was auch immer die Überlieferungen mitzuteilen haben, unsere Grundlage und alleinige Autorität zu diesem Thema ist die Heilige Schrift.

Nicht wenige Wissenschaftler räumen heute die wissenschaftliche Möglichkeit der Existenz von Engeln ein, wenn sie von unsichtbaren Intelligenzen sprechen. Das Bewußtsein der Gegenwart okkulter und dämonischer Kräfte in unserer Welt wird immer stärker. Sollten sich nicht da die Christen der ewigen Dimension des Lebens und der Realität der Engel, die mit Gott in Verbindung stehen und seine Befehle ausführen, bewußt werden? Schließlich werden die heiligen Engel in der Bibel viel öfter erwähnt als Satan und seine ihm untergeordneten Dämonen.

Kosmische Kräfte

Wenn es wirklich so ist, daß die Aktivitäten des Teufels und seiner Dämonen in unseren Tagen zunehmen, und ich glaube, daß dies der Fall ist, sollten sich dann nicht die Gläubigen um so mehr auf die weitaus größeren übernatürlichen Kräfte von Gottes heiligen Engeln besinnen? Das Auge des Glaubens vermag viele Hinweise auf die übernatürliche Macht und Herrlichkeit Gottes zu erkennen. Auch Gott ist noch am Werk.

Die Christen dürfen nicht das Bewußtsein für das Wirken der Engelmächte verlieren. Ihr herrliches Wirken überstrahlt das Tun der dämonischen Mächte, wie die Sonne das Licht einer Kerze überstrahlt.

Ein gläubiger Christ sollte mit dem machtvollen Eingreifen der Engel in seinem Leben rechnen. Und diese Erlebnisse sollten auf dramatische Weise die freundliche Gegenwart der »Heiligen Gottes«, wie Daniel sie nennt, veranschaulichen.

Engel können sprechen. Sie erscheinen und verschwinden wieder. Sie können Empfindungen haben. Gelegentlich können Engel zwar sichtbar werden, aber unsere Augen sind normalerweise nicht dafür eingerichtet, sie wahrzunehmen. Wie die Dimensionen eines nuklearen Feldes, die Struktur des Atoms oder die Elektrizität bleiben sie für uns unsichtbar. Unsere Fähigkeit, die Wirklichkeit zu erfassen, ist begrenzt: Das Reh im Wald zum Beispiel hat einen viel höher entwickelten Geruchssinn als wir Menschen. Fledermäuse verfügen über ein phänomenales Radarsystem. Manche Tiere können in der Dunkelheit Dinge erkennen, die unserer Aufmerksamkeit entgehen. Schwalben und auch Gänse besitzen ein fast übernatürliches Orientierungsvermögen. Warum sollte es uns dann erstaunen, wenn wir die Gegenwart der Engel nicht wahrnehmen? Könnte es sein, daß Gott dem Bileam und seinem Esel ebenfalls eine übernatürliche Fähigkeit verlieh, den Engel zu erblicken (4. Mose 22,23 und 31). Ohne diese besondere Gabe hätten sie ihn vielleicht für eine Ausgeburt ihrer Phantasie gehalten.

Immer wieder erreichen mich Berichte aus aller Welt über Engel, die jemandem erschienen sind, einen Dienst taten, Gemeinschaft mit den Menschen hatten und wieder verschwanden. Sie warnen uns unter anderem vor Gottes Gericht, sie sprechen zu uns von seiner großen Liebe, sie erscheinen in einer Notsituation — und verschwinden dann wieder. Eines können wir mit Gewißheit sagen: Die Engel ziehen niemals die Aufmerksamkeit auf sich selbst, sondern lassen alle Ehre Gott zukommen und geben seine Botschaft an die Hörer weiter als ein Wort der Befreiung und Bewahrung von höchster Autorität.

Dämonische Aktivitäten und Satansanbetung sind in allen Teilen der Welt auf dem Vormarsch. Der Teufel lebt und ist heute aktiver als je zuvor. Die Bibel weist schon darauf hin, daß er sehr wohl weiß, wie kurz seine Zeit bemessen ist. Durch dämonische Beeinflussung gelingt es ihm oft, Menschen vom wahren Glauben abzuwenden. Aber wir wissen auch, daß seine Angriffe auf die Kinder Gottes von den dienstbaren Geistern des Herrn bekämpft und unschädlich gemacht werden. Sie setzen alles daran, die Erben der Erlösung aus den Fangarmen des Bösen zu erretten. Und was sie sich vorgenommen haben, wird ihnen gelingen.

Darum können die Gläubigen aufsehen und neuen Mut fassen. Die Engel sind uns näher als wir meinen. Denn schließlich »hat er seinen Engeln befohlen, daß sie dich behüten auf allen deinen Wegen, daß sie dich auf den Händen tragen und du deinen Fuß nicht an einen Stein stoßest« (Ps 91,11-12).

Sind Engel sichtbar oder unsichtbar?

Die Geistwelt mit ihren Aktivitäten macht in der Gegenwart Schlagzeilen. Der Bereich des Übernatürlichen wird nicht nur ernsthaft erforscht, sondern ist als Tatsache akzeptiert. Viele der in letzter Zeit erschienenen Bücher zu diesem Thema grenzen entweder an das Sensationelle, sind rein spekulativer Art oder entspringen der wilden Phantasie des Autors. Wer jedoch die Bibel von ihrem Selbstverständnis her betrachtet, kann die Engel nicht als Spekulation oder Phantasie abtun. Schließlich nimmt die Heilige Schrift fast dreihundertmal auf sie Bezug.

Kann man Engel sehen?

Ich habe bereits gesagt, daß Engel erschaffene Geistwesen sind, die sich, wenn es nötig sein sollte, auch zeigen können. Sie können erscheinen und wieder verschwinden. Sie denken, fühlen, haben einen Willen und zeigen Empfindungen. Manche Menschen haben im Blick auf die Engel Fragen, die uns hier nicht beschäftigen können. Die alte Frage, wieviele Engel auf einer Nadelspitze tanzen können, ist töricht. Auch die Frage, wieviele Engel in eine Telefonkabine oder einen Volkswagen passen, verdient nicht unsere Aufmerksamkeit. Andererseits sollten wir aber wissen, was die Bibel über die Engel als Agenten Gottes lehrt. In göttlicher Vollmacht führen sie Befehle aus und bringen Botschaften Gottes zu den Menschen. Um diesen Auftrag zu erfüllen, haben die Engel nicht selten Menschengestalt angenommen. Der Schreiber des Hebräerbriefs fragt: »Sind sie (die Engel) nicht alle dienstbare Geister?« Haben wir je ein Geistwesen erblicken können? Ich kann das von mir nicht sagen. Aber ich weiß auch, daß es Gott zu allen Zeiten gefallen hat, seine Gegenwart auf verschiedenste Art und Weise zu offenbaren. Bei der Taufe Jesu war Gott, der Heilige Geist, in Gestalt einer Taube gegenwärtig. So hat Gott auch immer wieder seine Gegenwart durch Engel manifestiert, indem er ihnen die Macht gab, Menschengestalt anzunehmen und dann auch von Menschen gesehen zu werden.

Sollen wir Engel anbeten?

Es ist kein Zufall, daß Engel gewöhnlich unsichtbar sind. Obwohl Gott in seiner unendlichen Weisheit die Engel normalerweise keine Menschengestalt annehmen läßt, haben die Menschen sie doch in einer Weise verehrt, die an Anbetung grenzt. Das Wort Gottes mahnt uns aber, nicht das Geschöpf, sondern den Schöpfer zu ehren (Röm 1,24-25). Es muß ganz klar als Irrlehre, als Sünde gegen das erste Gebot bezeichnet werden, wenn Menschen Engel in irgendeiner Form anbeten.

Paulus hat darauf hingewiesen, daß, obwohl ungewöhnliche Manifestationen einen tiefen Eindruck hinterlassen können, nur allein Jesus Christus, der lebendige Gott, die zweite Person der Dreieinigkeit, der Schöpfer aller Dinge, unsere Anbetung verdient (Kol 2,18). Wir beten nicht zu Engeln. Auch dürfen wir nicht in falsch verstandener Demut die Engel anbeten. Unser Gottesdienst und unser Beten gelten allein dem dreieinigen Gott.

Darüber hinaus dürfen wir die Engel — ob sichtbar oder unsichtbar — nicht mit dem Heiligen Geist, der dritten Person der Dreieinigkeit, verwechseln. Die Engel wohnen nicht im Menschen. Nur der Heilige Geist versiegelt die Gläubigen und wohnt in ihnen nach der Wiedergeburt. Der Heilige Geist ist allwissend, allgegenwärtig und allmächtig. Engel sind mächtiger als Menschen, aber sie sind nicht Götter und nicht im Besitz göttlicher Attribute.

Nicht die Engel, sondern der Heilige Geist überführt die Menschen von der Sünde, von der Gerechtigkeit und dem Gericht (Joh 16,7). Er offenbart und verdeutlicht dem Menschen, wer Jesus Christus ist, während die Engel lediglich Boten Gottes sind, die den Menschen als dienstbare Geister zur Verfügung stehen (Hebr. 1,14). Meines Wissens sagt die Schrift an keiner Stelle aus, daß sich der Heilige Geist den Menschen jemals in Menschengestalt offenbarte. Jesus tat dies durch seine Menschwerdung. Der Heilige Geist kann überall zur gleichen Zeit sein, aber kein Engel kann an mehr als einem Ort gleichzeitig sein. Der Heilige Geist ist als Geist nicht Fleisch, die Engel aber kennen wir nicht nur als Geistwesen, sondern begegnen ihnen auch mitunter in sichtbarer Gestalt.

Gott gebraucht die Engel, um mit den Menschen und Völkern zu seinem Ziel zu kommen. Oft hat er durch das Eingreifen der Engel einen politischen oder gesellschaftlichen Schauplatz verändert und die Geschicke der Menschen geleitet. Wir müssen daran denken, daß die Engel mit allem Geschehen auf Erden in enger Verbindung stehen. Ihre Kenntnis irdischer Angelegenheiten ist größer als unsere. Wir müssen ihre unsicht-

bare Gegenwart und ihren unaufhörlichen Dienst anerkennen. Wir wollen glauben, daß sie mitten unter uns sind. Sie la-
chen oder weinen vielleicht nicht mit uns, aber wir dürfen wissen, daß sie sich über jeden Sieg in unseren evangelistischen
Bemühungen mit uns freuen. Jesus sagt: »Es wird Freude sein
vor den Engeln Gottes über einen Sünder, der Buße tut« (Lk
15,10).

Sichtbar oder unsichtbar?

In Daniel 6,23 lesen wir: »Mein Gott hat seinen Engel gesandt, der den Löwen den Rachen zugehalten hat.« Daniel
konnte in der Löwengrube offenbar die Engel sehen. Er erlebte
es auch, daß die Engel stärker waren als die Löwen. Wenn Engel
sichtbar werden, sind sie in den meisten Fällen so herrlich anzusehen und von solch eindrucksvoller Schönheit, daß die
Menschen sie sprachlos staunend anstarren.

Können wir uns ein Wesen vorstellen, das in seiner blenden-
den Lichtgestalt einem Blitz gleicht? General William Booth,
der Gründer der Heilsarmee, beschreibt eine Engelerscheinung. Er berichtet, daß alle Engel umgeben waren mit dem
Morgenglanz der Regenbogenfarben, die so leuchteten, daß
kein ungeschütztes Menschenauge diesem Glanz standhalten
konnte.

Wer kann die Helligkeit eines Blitzes ermessen, der einen ganzen Landstrich für kurze Augenblicke in helles Licht taucht?
Der Engel, der den Stein vom Grab Jesu rollte, war nicht nur in
weiße Gewänder gehüllt, sondern »seine Gestalt war wie der
Blitz« (Mt 28,3). Die Soldaten, die das Grab bewachten, zitter-
ten und fielen wie tot um. Nebenbei ist noch zu bemerken, daß

jener Stein das mehrfache Gewicht von dem hatte, was ein einzelner Mann bewegen kann. Aber die Kraft des Engels wurde dadurch nicht sonderlich beansprucht.

Abraham, Lot, Jakob und andere hatten keine Schwierigkeiten, die Engel Gottes zu erkennen, wenn Gott ihnen erlaubte, Menschengestalt anzunehmen. Jakob zum Beispiel erkannte den Engel sofort: »Jakob aber zog seinen Weg. Und es begegneten ihm die Engel Gottes. Und als er sie sah, sprach er: Hier ist Gottes Heerlager, und nannte diese Stätte Mahanajm« (1. Mose 32,2-3).

Auch Daniel und Johannes beschreiben die Herrlichkeit der Engel (Dan 10,6 und Offb 10,1), die in unermeßlicher Schönheit und Leuchtkraft vom Himmel herniederkamen. Wessen Herz würde nicht höher schlagen bei dem Bericht über die drei jungen Männer Schadrach, Meschach und Abed Nego? Sie lehnten es ab, mit dem Strom zu schwimmen und dem König von Babylon gottesdienstliche Ehre zu erweisen. Sie lernten, daß die Gegenwart der Engel gelegentlich auch von ungläubigen Menschen beobachtet werden kann. Nachdem sie den Gehorsam verweigert hatten, errettete sie der Engel vor den Flammen des Feuerofens. Man konnte nicht einmal einen Brandgeruch an ihnen feststellen. Der Engel trat mitten im Feuerofen zu ihnen und wurde vom König gesehen, der sagte: »Ich sehe aber vier Männer frei im Feuer umhergehen« (Dan 3,25).

Andererseits macht das Wort Gottes deutlich, daß die Engel meist unsichtbar sind. Ob nun sichtbar oder unsichtbar, Gott befiehlt seinen Engeln, vor uns herzugehen, mit uns zu gehen und uns zu folgen. Dies kann letztlich nur von Gläubigen verstanden werden, die wissen, daß die Engel das Kampffeld um uns herum unter Kontrolle haben, damit wir nicht fallen (Jes 26,3), sondern mitten im Kampf unser Vertrauen bewahren. »Wenn Gott für uns ist, wer sollte wider uns sein?«

Was sieht man, wenn man einen Engel erblickt?

Gott ist in allem, was er tut, originell, vielseitig und herrlich. Einige der Beschreibungen von Engeln, die Beschreibung Luzifers in Hesekiel 28 eingeschlossen, weisen darauf hin, daß die Engel dem menschlichen Auge und Verstand exotisch erscheinen. Die Engel verfügen offensichtlich über eine Schönheit und Verwandlungsfähigkeit, die für die Menschen unvorstellbar sind. Die Schrift sagt uns nicht, woraus Engel erschaffen wurden. Auch die moderne Wissenschaft, die Parapsychologie, kann uns nichts über das Wesen und Werk der Engel aussagen.

Die Bibel scheint anzudeuten, daß die Engel nicht altern. Wir lesen auch nirgends, daß ein Engel krank gewesen wäre. Mit Ausnahme der mit Luzifer gefallenen Engel, werden sie nicht von der Zerstörung, der Krankheit und dem Chaos, das unsere Erde befiel, in Mitleidenschaft gezogen. Die heiligen Engel werden nie sterben.

Die Bibel lehrt auch, daß die Engel geschlechtslos sind. Jesus sagte im Blick auf das Auferstehungsleben, daß die Menschen in der Ewigkeit »weder heiraten noch sich heiraten lassen, sondern sind wie Engel im Himmel« (Mt 22,30). Dies deutet darauf hin, daß die Engel in einer Verbindung leben, die weitaus tiefer und erfüllender sind als sexuelle Gemeinschaft. Die Freuden des ehelichen Zusammenlebens sind vielleicht nur ein Vorgeschmack auf etwas, dessen sich die Gläubigen in der Ewigkeit erfreuen werden, und das alle menschlichen Erfahrungen und Vorstellungen übersteigt.

Was haben wir von »Theophanien« zu halten? (Dies bezeichnet die sichtbare Erscheinung Jesu Christi vor seiner Menschwerdung.) An einigen Stellen im Alten Testament wird uns berichtet, daß die zweite Person der Dreieinigkeit erschien, und wird entweder als »der Herr« oder »der Engel des Herrn« bezeichnet. Nirgends wird dies deutlicher als in 1. Mose 18, wo Abraham von drei Männern besucht wird. »Einer der Männer wird deutlich als ›der Herr‹ identifiziert, die anderen beiden sind lediglich Engel. Es gibt keinen Grund, die sehr frühe und traditionelle christliche Interpretation in Frage zu stellen, daß es sich in diesen Fällen um Manifestationen der Präinkarnation der zweiten Person der Dreieinigkeit handelt, ob er nun ›der Herr‹ oder ›der Engel des Herrn‹ genannt wird« (Zondervan Pictorial Encyclopedia of the Bible).

Wir sehen also, daß im Alten Testament in einigen Fällen Gott selbst in Menschengestalt als Engel erschien. Dies unterstreicht den Gedanken der engen Verbindung zwischen Gott und seinen Engeln. Aber in fast allen Fällen, wenn Engelwesen personhaft erscheinen, handelt es sich um Gottes Geschöpfe und nicht um Gott selbst.

Wie sich Engel von den Menschen unterscheiden

Die Bibel sagt uns, daß Gott den Menschen »nur wenig niedriger als die Engel« erschuf. Aber sie sagt auch, daß die Engel »dienstbare Geister sind, ausgesandt zum Dienst um derer willen, die das Heil ererben sollen« (Hebr 1,14). Dies scheint zunächst ein Widerspruch zu sein: der Mensch niedriger — aber schließlich durch die Erlösung höher. Wie können wir dies erklären?

Zunächst müssen wir bedenken, daß die Schrift hier von Jesus Christus und den Menschen spricht. Jesus erniedrigte sich, als er Mensch wurde. In seinem Menschsein war er etwas niedriger als die Engel. Gott machte dem Menschen alle Kreaturen der Erde untertan, aber im Blick auf ihre physische Begrenzung und ihre Stellung während ihrer Erdenzeit sind die Menschen niedriger als die Engel. Und doch befiehlt Gott den Engeln, den Menschen zu helfen, weil nach der Auferstehung die Menschen über den Engeln stehen werden. Dies sagt Jesus in Lukas 20,36. Wenn das Reich Gottes in seiner ganzen Fülle erscheinen wird, will Gott die zeitlich begrenzte niedrigere Stellung des Menschen aufheben. Wir wollen jetzt im einzelnen untersuchen, wie Gott zwischen Engeln und Menschen unterscheidet.

Obwohl Engel wunderbare Wesen sind, macht die Schrift doch deutlich, daß sie sich von den wiedergeborenen Menschen beträchtlich unterscheiden. Wie können die Engel, die nie gesündigt haben, die Bedeutung der Erlösung von der Sünde ganz verstehen? Wie können sie begreifen, was Jesus denen bedeutet, für die sein Tod auf Golgatha Licht, Leben und Unsterblichkeit brachte? Ist es nicht noch viel unbegreiflicher, daß die Engel sogar von Gläubigen gerichtet werden, die einmal Sünder waren? Dieses Gericht bezieht sich jedoch offenbar nur auf die mit Luzifer gefallenen Engel. So schreibt Paulus: »Wißt ihr nicht, daß wir über Engel richten werden?« (1. Kor 6,3). Wenn die Bibel auch von den Engeln als den Menschen in vieler Hinsicht überlegen spricht, so haben doch auch die Engel ihre Begrenzungen.

Ist Gott der »Vater« der Engel?

Gott wird von den heiligen Engeln nicht »Vater« genannt, weil sie, die nicht gesündigt haben, auch nicht erlöst werden müssen. Und die gefallenen Engel können Gott nicht »Vater« nennen, weil sie nicht erlöst werden können. Hier stoßen wir auf eines der Geheimnisse der Schrift: Gott bereitete eine Erlösung für die gefallenen Menschen, aber diese Erlösung gilt nicht für die gefallenen Engel. Warum? Vielleicht hängt es damit zusammen, daß Adam und Eva von einer gefallenen Kreatur zur Sünde verführt wurden, die Engel aber von Gott abfielen, als es noch keine Sünder gab, und sie deshalb nicht verführt werden konnten. So kann sich ihre Lage nicht verändern, ihre Sünde nicht vergeben werden; es gibt keine Erlösung für sie.

Die gefallenen Engel wollen Gott niemals »Vater« nennen. Vielleicht nennen sie Luzifer »Vater«, wie es auch viele Satansanbeter tun. Sie befinden sich in einer Rebellion gegen Gott und werden niemals freiwillig seine souveräne Herrschaft akzeptieren — erst am Tag des Gerichtes, wenn sich alle Knie beugen und alle Zungen bekennen werden, daß Jesus Christus Herr ist (Phil 2,9-10). Aber auch die heiligen Engel Gottes können Gott nur in einem allgemeinen Sinne »Vater« nennen. Als Schöpfer ist Gott der Vater aller geschaffenen Wesen. Weil auch die Engel zu den geschaffenen Wesen gehören, können sie in diesem Sinn von Gott als ihrem Vater denken. Ansonsten ist aber in der Schrift diese Bezeichnung den verlorenen Menschen, die gerettet wurden, vorbehalten. Deshalb können auch unerlöste Menschen nicht den Vater-Gott, sondern allenfalls den Schöpfer-Gott ansprechen.

Engel sind nicht Erben Gottes

Durch die Erlösung werden die Gläubigen Miterben mit Jesus Christus (Röm 8,17), ein Erbe, das ihnen durch den Glauben an sein stellvertretendes Erlösungswerk auf Golgatha zugesprochen wird. Weil die Engel keine Miterben sind, haben sie auch keinen Anteil an den grenzenlosen, ewigen Reichtümern. Aber die heiligen Engel, die dienstbaren Geister, haben nie ihre ursprüngliche Herrlichkeit und ihre geistliche Gemeinschaft mit Gott verloren. Dies sichert ihnen einen besonderen Platz in der königlichen Rangordnung der Schöpfung Gottes. So identifizierte sich Jesus bei seiner Inkarnation mit dem gefallenen Menschen und wurde »eine kleine Zeit niedriger als die Engel« (Hebr 2,9). Auch die Tatsache, daß er den Tod wählte, den wir verdient hätten, zeigt durch das Leiden seines Todes, daß die heiligen Engel weder sündhaft noch erlösungsbedürftig sind.

Engel können die Erlösung aus Gnade durch den Glauben nicht bezeugen

Wer kann die überwältigende Freude der Gemeinschaft mit Gott und das Glück der Erlösung begreifen, von dem selbst die Engel nichts wissen? Wenn sich die örtliche Gemeinde als eine Gruppe gläubiger Christen versammelt, repräsentiert sie die auf menschlicher Ebene höchstmögliche Form der Liebe Gottes. Keine Liebe kann tiefer sein, sich höher aufschwingen oder weiter reichen als die unergründliche Liebe, die ihn veranlaßte, seinen eingeborenen Sohn zu geben. Die Engel wissen um diese Freude (Lk 15,10), und wenn ein Mensch das ewige Leben durch Jesus Christus als Gottes Gabe annimmt, setzen die Engel Gottes mit ihrer Freude vor dem Lamm Gottes alle Glocken des Himmels in Bewegung.

Die Engel freuen sich über die Erlösung der Menschen und verherrlichen Gott, der diese Erlösung schuf, aber eins können sie nicht tun: Sie können nicht etwas bezeugen, das sie nicht selbst erfahren haben. Dies bedeutet, daß nur die Menschen in alle Ewigkeit Zeugnis ablegen können für die Erlösung, die Gott aus Gnaden schuf und die wir durch den Glauben an Jesus Christus empfingen. Ein Mann, der nie verheiratet war, kann die Freuden der Ehe nicht ganz verstehen. Ein Mensch, der nicht Vater oder Mutter verloren hat, kann diesen Verlust nie ganz ermessen. So können auch die Engel bei all ihrer Größe die Erlösung nicht so bezeugen wie wir, die wir sie erfahren haben.

Die Engel kennen nicht die Erfahrung des innewohnenden Gottes

Die Bibel deutet an keiner Stelle darauf hin, daß der Heilige Geist auch in den Engeln wohnt, wie es bei den Erlösten der Fall ist. Er versiegelt die Gläubigen, wenn sie Christus annehmen. Dies aber trifft bei den Engeln nicht zu, denn sie sind nie gefallen und brauchen darum keine Erlösung.

Doch es gibt noch einen zweiten Grund für diese Unterscheidung: Die erlösten Menschen auf dieser Erde sind noch nicht verherrlicht. Nachdem Gott sie gerecht gemacht und ihnen Leben gegeben hat, fängt er einen Prozeß der Heiligung in ihnen an. Erst mit dem Tode aber schenkt er ihnen die Vollkommenheit. Während die Gläubigen auf dieser Erde leben, wohnt der Heilige Geist in ihren Herzen, um diesen einzigartigen Dienst zu tun, den die Engel nicht übernehmen können. Gott, der Vater, sandte Jesus, den Sohn, daß er sterben sollte. Jesus hat diesen seinen einzigartigen Dienst als seinen Teil von Gottes Heilsplan erfüllt. So hat auch der Heilige Geist seine bestimmte Aufgabe, die sich von der des Sohnes unterscheidet. Vom Vater und vom Sohn gesandt, leitet er nicht nur die Gläubigen in alle Wahrheit, sondern vollbringt auch das Werk der Gnade in ihren Herzen, indem er sie in das Ebenbild Gottes umgestaltet und sie heiligt. Diese Kraft der Heiligung kann nicht von Engeln ausgehen.

Die Engel sind auch nicht wie die Gläubigen auf den Dienst des Heiligen Geistes angewiesen. Ihre Verbindung mit dem Vater, die durch die Schöpfung und ihren steten Gehorsam entstanden ist, verleiht den Engeln Autorität. Sie sind nicht durch die Sünde verdorben. Aber die Menschen sind noch nicht vollkommen und brauchen darum den Heiligen Geist. Es kommt der Tag, an dem die Gläubigen so vollkommen sein werden, wie es die Engel jetzt schon sind.

Engel heiraten und vermehren sich nicht

Wir haben bereits gesagt, daß Engel nicht heiraten. Hieraus können wir folgern, daß sich die Zahl der Engel nicht verändert, denn die gehorsamen Engel sterben nicht. Die gefallenen Engel aber werden von Gott gerichtet. Fachleute schätzen, daß sich etwa ein Drittel aller Engel auf die Seite Satans schlugen, als er gegen seinen Schöpfer rebellierte. Auf jeden Fall sagt uns der Hebräerbrief, daß die Zahl der Engel ungeheuer groß ist und unsere Vorstellungskraft übersteigt. Selbst ein Drittel dieser ungeheuren Zahl von Engeln wäre noch eine unvorstellbare Anzahl. Und diese vielen gefallenen Engel stehen Satan als Dämonen zur Verfügung.

Wie sich die Engel von den Menschen im Blick auf Heirat und Vermehrung unterscheiden, so werden auch noch andere wesentliche Unterschiede deutlich. Wir lesen nichts davon, daß Engel Nahrung zu sich nehmen müssen. Aber die Bibel berichtet, daß Engel bei bestimmten Gelegenheiten, wenn sie in Menschengestalt erschienen, tatsächlich gegessen haben. David nennt das Manna, das die Kinder Israel in der Wüste aßen, Brot der Engel. In Psalm 78 sagt Asaph: »Brot der Engel aßen sie alle« (V. 25). Wir dürfen auch nicht übersehen, was Elia nach dem großen Sieg über die Priester des Baal auf dem Berg Karmel erlebte. Weil Isebel sein Leben bedrohte, brauchte er Hilfe von Gott. Darum kam der Engel Gottes zu dem müden, entmutigten Propheten und setzte ihm Nahrung und Getränke vor. Nachdem er zweimal gegessen hatte, schickte Gott ihn wieder auf die Reise. Diese Nahrung reichte dann vierzig Tage und vierzig Nächte (1. Kön 19,8). Nicht ohne Grund glauben manche Ausleger, daß Elia damals Engelnahrung zu sich nahm.

Als Abraham in der Ebene von Mamre lagerte, besuchten ihn drei Männer, von denen einer der Herr Jesus gewesen sein könnte (1. Mose 18,1-2). Diese himmlischen Wesen aßen und tranken, was Abraham ihnen nach der Sitte des Landes vorsetzte. Wenig später, als Gott entschieden hatte, Sodom und Gomorra zu zerstören, kamen zwei Engel, um Lot und seine Familie zu retten. Lot bereitete ihnen ein Gastmahl, und auch hier nahmen sie Nahrung, darunter ungesäuertes Brot, zu sich (1. Mose 19).

Es ist in diesem Zusammenhang von Interesse, daß Jesus nach seiner Auferstehung mit seinen Jüngern aß. Lukas berichtet: »Und sie legten ihm ein Stück gebratenen Fisch vor. Und er nahm's und aß vor ihnen« (Lk 24,42-43).

Das Wissen der Engel

Das Wissen der Engel ist umfassender als menschliches Wissen. Als der König David aufgefordert wurde, Absalom nach Jerusalem zurückzubringen, bat Joab eine Frau von Tekoa, mit dem König zu sprechen. Sie sagte: »Mein Herr gleicht an Weisheit dem Engel Gottes, so daß er alles weiß, was auf Erden geschieht« (2. Sam 14,20). Engel wissen um Dinge, die sich der Kenntnis der Menschen entziehen. Aber wie groß ihr Wissen auch sein mag, sie sind nicht allwissend. Sie sind nicht wie

Gott. Jesus selbst deutete auf das begrenzte Wissen der Engel hin, als er von seiner Wiederkunft sprach. Er sagt: »Von dem Tage aber und der Stunde weiß niemand, auch die Engel im Himmel nicht« (Mk 13,32).

Engel wissen wahrscheinlich Dinge über uns, die wir nicht einmal selbst wissen. Und weil sie dienstbare Geister sind, werden sie dieses Wissen immer zu unserem Nutzen anwenden, nie aber mit schlechten Absichten. In einer Zeit, in der man nur wenigen Menschen geheime Informationen anvertrauen kann, ist es tröstlich zu wissen, daß die Engel ihr großes Wissen nicht mißbrauchen werden. Sie werden es im Gegenteil zu unserem Besten gebrauchen.

Die Macht der Engel

Die Engel haben mehr Macht als die Menschen, sind aber nicht allmächtig. Paulus spricht im zweiten Thessalonicherbrief von den »Engeln seiner Macht«. In dem Begriff, der hier mit »Macht« übersetzt ist, liegt das Wort »Dynamit«. Was materielle Kraft betrifft, sind die Engel das »Dynamit Gottes«.

Petrus sagt: »... wo doch die Engel, die größere Stärke und Macht haben (als die Menschen), kein Verdammungsurteil gegen sie vor den Herrn bringen« (2. Petr. 2,11). Petrus unterstreicht hier das Zeugnis des Paulus. Wir sollten auch beachten, daß ein einziger Engel die Erstgeborenen der Ägypter zur Zeit Moses schlug, und nur ein Engel verschloß den Löwen in Daniels Grube den Rachen.

In Psalm 103 spricht David von den Engeln Gottes als den »starken Helden«. Nirgends in der Schrift wird diese Stärke auf dramatischere Weise offenbart als dort, wo vom Ende der Zeiten die Rede ist. Die Schrift zeigt auch, was nach dem Kampf von Harmagedon mit Satan geschehen wird: Er wird gebunden und in einen Abgrund geworfen werden. Aber welche Kraft, außer der Kraft Gottes selbst, kann dies bewirken? Denn wir wissen um die Kraft Satans und erleben die Auswirkungen seiner bösen Anschläge. Die Bibel sagt, daß ein Engel vom Himmel kommen wird. In seiner Hand wird er eine große Kette halten. Mit dieser Kette wird er Satan binden und ihn dann in den Abgrund stoßen. Wie groß ist die Kraft eines einzigen Engels Gottes!

Können Engel singen?

Es wurden schon sehr viele Vermutungen über Engelchöre angestellt. Wir nehmen zumindest an, daß Engel singen können und es auch tun, auch wenn die Schrift dies nicht ausdrücklich bestätigt. Auch Shakespeare hat in seinem *Hamlet* die Vorstellung, daß Engel singen: »Da bricht ein edles Herz. — Gute Nacht, mein Fürst! Und Engelscharen singen dich zur Ruh'! —«

Es gibt aber auch Bibelkenner, die nicht der Meinung sind, daß Engel singen können. Dies scheint aber unvorstellbar. Engel haben die große Fähigkeit, zu lobpreisen, und mit ihrer Musik haben sie vom Anbeginn der Zeiten Gott verherrlicht. Musik ist die universale Sprache. Es scheint, daß Johannes einen riesigen himmlischen Chor (Offb 5,11-12) von vielen Millionen Sängern sah, die durch wunderbare Musik dem Lamm Gottes Lob und Preis brachten. Ich glaube, daß in der Ewigkeit Engelchöre die Herrlichkeit Gottes zur Freude der Erlösten besingen werden.

Man kann dies zwar nicht mit letzter Sicherheit sagen, aber es ist anzunehmen, daß Engel die Fähigkeit haben, sich durch himmlische Musik auszudrücken. Viele sterbende Gläubige haben bezeugt, daß sie himmlische Musik hörten. Viele meiner Freunde ziehen mich damit auf, daß ich keine Stimme halten kann. Wenn ich gemeinsam mit anderen Leuten singe, werfe ich sie meistens um. Aber vom jahrelangen Zuhören kann ich gute Musik erkennen, auch wenn ich sie nicht selbst hervorbringen kann. Und ich habe mir auch immer wieder Mühe gegeben, Musik zu verstehen, die mir eigentlich nicht liegt. Ich glaube, wir müssen unser irdisches Musikkonzept hinter uns lassen, wenn wir die himmlische Musik verstehen wollen. Ich glaube, daß die himmlische Musik alles, was wir an Musikformen kennen, weit übertreffen wird.

Die Bibel berichtet uns von Menschen, die singen: Mose (2. Mose 15,1), Mirjam (2. Mose 15,20-21), David (Psalmen) und viele andere. Tausende von anbetenden Menschen haben im Tempel ohne Unterlaß gesungen und den Herrn gepriesen (2. Chr 5,12). Tausende von Sängern gingen vor der Bundeslade her (1. Chr 15,27-28). Wir alle sehen in den Psalmen das Liederbuch der Bibel.

Auch Gläubige im Neuen Testament haben vor Freude gesungen. Wenn es auch nicht ausdrücklich gesagt wird, so impliziert die Bibel doch, daß die Engel, die einer höheren Schöpfungsordnung angehören, Gott und dem Lamm in vollendeter Harmonie singen werden. Paulus erinnert uns daran, daß es eine Sprache der Engel und eine Sprache der Menschen gibt (1. Kor 13,1). Die Engel haben eine himmlische Sprache und machen eine Musik, die ihres Schöpfers würdig ist. Sicher werden wir in der Ewigkeit die Sprache und Musik der himmlischen Welt lernen.

Die Anbetung der Engel
vor dem Thron

Es steht außer Frage, daß die Engel das Lamm Gottes anbeten und ihm alle Ehre geben. Aber die Engel verbringen ihre Zeit nicht nur im Himmel. Sie sind nicht allgegenwärtig, darum können sie immer nur an einem Ort sein. Und als Botschafter Gottes führen sie in der ganzen Welt seine Befehle aus. Wenn sie ihren Dienst auf dieser Erde tun, können sie nicht vor dem Thron Gottes stehen. Aber wenn dann die Engel vor dem Thron Gottes stehen, verherrlichen sie ihren Schöpfer und beten ihn an.

Wir gehen auf einen Tag zu, an dem die Engel ihren Dienst auf Erden beendet haben werden. Dann werden sie sich mit den Erlösten vor dem Thron Gottes versammeln. Dort werden sie anbeten und ihre Lieder darbringen. An jenem Tag werden die Engel, die ihr Gesicht bedeckten und stumm dastanden, als Jesus am Kreuz hing, das Lamm Gottes anbeten, dessen Werk vollbracht und dessen Königreich herbeigekommen ist.

Auch die Erlösten werden singen, denn sie haben einen besonderen Grund dazu. Aber auch die Engel haben ein Motiv für ihren himmlischen Lobgesang, das sich von den Beweggründen der Gläubigen unterscheidet: Sie haben sich in den Dienst des allmächtigen Gottes gestellt. Sie haben an der Herbeiführung seines Königreiches mitgearbeitet. Sie haben den Kindern Gottes in schwierigen Lagen geholfen. Darum wird ihr Lied ein Siegeslied sein. Ihre Sache ist siegreich zu Ende geführt worden; der Kampf, den sie kämpfen, ist beendet; der Feind, dem sie sich stellten, ist überwunden; die gefallenen Engel können ihnen nicht mehr zusetzen. So singen die Engel ihr eigenes Lied. Aber welch ein mächtiger Gesang wird das sein! Die Engel und ihre Erlösten werden miteinander wetteifern in der Verherrlichung und im Lobpreis unseres Gottes.

Die Engel-Hierarchie

Beim biblischen Studium der Engel können wir nicht übersehen, daß es bei den Engelwesen verschiedene Rangordnungen gibt. Verschiedene Hinweise machen deutlich, daß sie sich im Blick auf Autorität und Herrlichkeit unterscheiden.

Obwohl manche Ausleger hier anderer Ansicht sind, scheint doch der Rangordnung folgendes Schema zugrunde zu liegen: Erzengel, Engel, Serafim, Cherubim, Fürstentümer, Herrschaften, Gewalten, Throne, Macht und Reiche (Kol 1,16; Röm 8,38).

Im Mittelalter unterteilten die Theologen die Engel in neun verschiedene Gruppen. Es ist natürlich auch die Überlegung angestellt worden, ob nicht einige dieser Bezeichnungen — Fürstentümer, Herrschaften, Gewalten, Throne, Macht und Reiche — nicht auf Menschen oder menschliche Institutionen hinweisen. Um hierauf eine Antwort zu finden, müssen wir Kolosser 1,16 verstehen. Paulus spricht hier von der Erschaffung des Sichtbaren und Unsichtbaren. Matthew Henry kommentiert diesen Vers folgendermaßen: »Christus erschuf alle Dinge aus dem Nichts. Das trifft für die erhabensten Engel im Himmel und auch auf die Menschen zu. Er schuf die Welt, die obere und untere Welt, mit allem, was darin lebt ... Paulus scheint hier anzudeuten, daß es verschiedene Abstufungen im Reich der Engel gibt: ›Es seien Throne oder Herrschaften oder Reiche oder Gewalten‹, muß entweder auf Unterschiede in der Erhabenheit oder unterschiedliche Dienstbereiche hinweisen.«

Vielleicht ist eine Aufstellung der Rangordnung der Engel immer fragwürdig, aber wir können sicher sein, daß die Engel unterschiedliche Machtbefugnisse haben. Einige verfügen über eine Autorität, die andere nicht besitzen. Ich will zwar an diesem Punkt nicht dogmatisch sein, glaube aber, daß es unterschiedliche Ränge gibt und daß die Liste im Kolosserbrief von Engeln spricht.

1. Erzengel

Wenn auch die Schrift nur Michael als einen Erzengel bezeichnet (Jud 9), haben wir doch Grund zu der Annahme, daß auch Luzifer vor seinem Fall ein Erzengel war, der entweder Michael gleichgestellt oder ihm übergeordnet war. Die Vorsilbe »Erz« deutet auf eine leitende Position oder große Bedeutung hin. So ist Michael also der Engel, der über allen anderen Engeln steht, und seiner Bedeutung nach der Fürst des Himmels. Er ist sozusagen der Premierminister im Reich Gottes und der »Verwalter« für das Gericht Gottes. Er muß allein auf dieser Bedeutungsstufe stehen, denn die Bibel spricht niemals von den Erzengeln, sondern nur von *dem* Erzengel. Sein Name bedeutet: »Wer ist wie Gott«.

Im Alten Testament scheint Michael vorrangig mit Israel als einer Nation identifiziert zu werden. So spricht Gott von Michael als dem Fürsten seines auserwählten Volkes »der große Engelfürst Michael, der für dein Volk eintritt« (Dan 12,1). Seine besondere Aufgabe ist es, Gottes Volk zu beschützen und zu verteidigen.

Weiter wird er in Daniel als »euer Engelfürst Michael« (10,21) bezeichnet. Er ist Gottes Botschafter des Gesetzes und des

Gerichtes. In dieser Eigenschaft erscheint er in Offenbarung 12,7-12) und führt die Heerscharen, die gegen Satan, den großen Drachen, und alle seine Dämonen zum Kampf antreten. Michael wird mit seinen Engeln in den titanischen Endkampf des Universums verwickelt sein, der die Niederlage Satans und seiner Finsternismächte herbeiführen wird. Die Schrift sagt uns voraus, daß Michael aus diesem Kampf siegreich hervorgehen wird. Die Hölle wird erzittern, der Himmel wird in Freude ausbrechen und den Sieg feiern!

Bibelkenner haben die Überlegung angestellt, ob es nicht Michael war, der Luzifer und seine gefallenen Engel aus dem Himmel ausstieß und daß auch er heute in der Auseinandersetzung mit Satan und seinen gefallenen Engeln steht, um ihre Macht zu zerstören und Gottes Leute zu ihrem endgültigen Sieg zu führen.

Der Erzengel Michael wird seinen Ruf bei der Wiederkunft Jesu erschallen lassen. Er verkündigt nicht nur die unvergleichliche und erregende Nachricht, daß Jesus wiederkommt, sondern er spricht auch das Wort des Lebens an alle, die in Christo entschlafen sind und auf ihre Auferstehung warten. »Denn er selbst, der Herr, wird, wenn der Befehl ertönt, wenn die Stimme des Erzengels ...; herabkommen ..., und zuerst werden die Toten, die in Christus gestorben sind, auferstehen« (1. Thess 4,16).

2. Gabriel, Gottes Botschafter

Der Name Gabriel bedeutet »Held Gottes« oder »der Mächtige« oder »Gott ist groß«. Die Heilige Schrift erwähnt ihn häufiger als »Bote Jehovas« oder »Bote des Herrn«. Aber im Gegensatz zur allgemeinen Vorstellung und auch der Meinung des Dichters John Milton, nennt sie ihn nie einen Erzengel. Aber seine Aufgaben finden in der Schrift häufiger Erwähnung als die Michaels.

Der Dienst Gabriels

Gabriel ist in erster Linie Gottes Botschafter der Gnade und der Verheißung. Er erscheint viermal in der Bibel und überbringt jedesmal gute Nachrichten (Dan 8,16; 9,21; Lk 1,9 und 26). Wir müssen es offenlassen, ob er eine silberne Trompete bläst, weil uns dies eigentlich nur aus dem Volksgut übermittelt wird und lediglich indirekte Unterstützung in der Schrift findet. Aber die Ankündigungen Gabriels von Gottes Plänen, Zielen und Urteilen sind von gewaltiger Bedeutung.

In der Heiligen Schrift begegnet uns Gabriel zuerst in Daniel 8,15-17. Dort verkündigt er die Vision Gottes für die »Endzeit«. Gott beauftragt ihn, diese Botschaft, die Gottes Plan für die Geschichte offenbart, auf der Erde bekanntzumachen. In Vers 17 sagt Gabriel: »Merk auf, du Menschenkind! Denn dies Gesicht geht auf die Zeit des Endes.«

Während Daniel betete, erschien ihm Gabriel zum zweitenmal: »Eben als ich noch so redete in meinem Gebet, da flog der Mann Gabriel, den ich zuvor im Gesicht gesehen hatte, um die Zeit des Abendopfers, dicht an mich heran« (Dan 9,21). Und zu Daniel sagte er: »So merke nun auf das Wort, damit du das Gesicht verstehst« (Dan 9,23), und dann offenbarte er ihm die großartige Ereignisfolge der Endzeit. Gabriel, der das Panorama der irdischen Königreiche an Daniel vorbeiziehen ließ, versicherte ihm, daß die Geschichte mit der Wiederkunft Jesu

Christi, des »Fürsten aller Fürsten« (Dan 8,25) und des Über-
winders des »frechen und verschlagenen Königs« (Dan 8,23),
ihren Höhepunkt finden würde. Die prophetische Aussage, die
Daniel in seinem Gebet zu Gott macht, ist eine zweifache: Zunächst weist er auf das nahe bevorstehende Gericht über Israel
hin (Dan 9,16) und dann auf die fürchterlichen Geschehnisse
des »endzeitlichen Gerichtes« und der »Trübsal«, die »sieben
Jahre« (Dan 9,27) dauernd wird. In dem späteren Kapitel »Engel in der Prophetie« werden wir aufzeigen, wie die Engel die
schrecklichen Geschehnisse in der Endzeit überwachen.

Gabriel im Neuen Testament

Im Neuen Testament begegnen wir Gabriel zuerst in Lukas 1.
Er offenbarte sich dem Zacharias (V. 19), kündigte die Geburt
Johannes des Täufers an und beschreibt sein Leben und seinen
Dienst als Vorläufer Jesu.

Bei seiner wichtigsten Erscheinung kündigte Gabriel der
Jungfrau Maria die Geburt Jesu, des fleischgewordenen Gottes
an. Welch eine Botschaft verkündigt er da der Welt durch einen
Teenager! Welch ein wunderbares, reines Mädchen muß sie gewesen sein, daß der mächtige Engel Gabriel sie besuchte! Er
sagte: »Fürchte dich nicht, Maria, du hast Gnade bei Gott gefunden. Siehe, du wirst schwanger werden und einen Sohn gebären, und du sollst ihm den Namen Jesus geben . . . und er wird
König sein über das Haus Jakob in Ewigkeit, und sein Reich
wird kein Ende haben« (Lk 1,30-33).

Für alle Zeiten wird diese göttliche Deklaration Gabriels die
Magna Charta der Inkarnation und der Grundstein der kommenden Welt sein: Gott wurde Fleisch, um uns zu erlösen.

3. Die Serafim

Die Bibel läßt erkennen, daß die himmlischen und außerirdischen Wesen sich in ihrer Stellung und Autorität unterscheiden. Die Serafim und Cherubim folgen in der Rangordnung dem Erzengel und den Engeln. Wenn Petrus von Jesus sagt: ». . . und es sind ihm untertan die Engel und die Gewaltigen und die Mächte« (1. Petr 3,22), dann spricht er möglicherweise von ihnen.

Das Wort »Serafim« könnte von der hebräischen Wurzel abgeleitet sein, die »Liebe« bedeutet (obwohl manche Ausleger meinen, das Wort bedeute »die Flammenden« oder »die Noblen«). Die Serafim begegnen uns nur in Jesaja 6,1-6. Es war ein ehrfurchtgebietender Anblick, als der betende Prophet die Serafim mit ihren sechs Flügeln über dem Thron des Herrn sah. Wir können annehmen, daß es sich um mehrere Serafim handelte, weil es »ein jeglicher« und »einer rief zum andern« heißt.

Die Aufgabe der Serafim besteht darin, den Namen und das Wesen Gottes im Himmel zu preisen. Ihr Dienst hat direkt mit Gott und seinem himmlischen Thron zu tun, denn sie haben ihren Platz über dem Thron — im Gegensatz zu den Cherubim, die neben dem Thron stehen. Wenn sich auch die Ausleger über den Dienst der Serafim nicht immer im klaren gewesen sind, so können wir doch eins mit Sicherheit feststellen: Es ist ihre Aufgabe, unaufhörlich Gott zu verherrlichen. Wir können auch aus Jesaja 6,7 entnehmen, daß Gott sie gebraucht, um seine Diener zu reinigen und zu heiligen.

Sie sind unbeschreiblich schön: »Mit zwei Flügeln deckten sie ihr Antlitz, mit zweien deckten sie ihre Füße, und mit zweien flogen sie« (was besagt, daß einige Engel fliegen). Die Heilige Schrift untermauert aber nicht die allgemeine Annahme, daß alle Engel Flügel hätten. Das traditionelle Konzept, welches Engel immer mit Flügeln darstellt, ist auf ihre Fähigkeit zurückzuführen, in einem Augenblick mit unvorstellbarer Geschwindigkeit von einem Ort zum anderen zu wechseln — und laut Jesaja 6 waren nur zwei der Flügel zum Fliegen bestimmt!

Die Herrlichkeit der Serafim erinnert uns an die Beschreibung Hesekiels von den vier Tieren. Er nannte sie nicht Serafim, aber auch sie dienten Gott. Wie die Serafim waren auch sie Boten und Sprecher Gottes. In beiden Fällen war die Herrlichkeit ihrer Erscheinung ein Zeugnis für Gott, obwohl nur die Serafim ihren Platz über dem Thron einnahmen und die eine, vordringliche Aufgabe wahrnahmen, Gott zu preisen. Alle diese Manifestationen lassen uns erkennen, daß Gott den Menschen seine Herrlichkeit offenbaren will. Seine Herrlichkeit muß in angemessener Weise auf der Erde und auch im himmlischen Bereich bezeugt werden.

4. Die Cherubim

Cherubim sind eine Wirklichkeit, und sie haben große Macht. Sie haben Flügel, Füße und Hände. Hesekiel 10 beschreibt die Cherubim im einzelnen als Wesen, die nicht nur Flügel und Hände haben, sondern »voll Augen« und umgeben von »Rädern in den Rädern« sind.

Aber Hesekiel kommt in Kapitel 10 im Zusammenhang mit den Cherubim auch auf ein sehr ernstes Thema zu sprechen. Der Prophet verkündigt ein Gesicht, das die Zerstörung Jerusalems voraussagt. In Hesekiel 9,3 kommt der Herr von seinem Thron über den Cherubim herab zur Schwelle des Tempels, und in Kapitel 10,1 kehrt er wieder zurück, um seinen Platz über den Cherubim einzunehmen. In der Stille vor dem Sturm sehen wir die Cherubim an der Südseite des Heiligtums stehen. Sie stehen so, daß sie die Stadt im Auge haben, und werden Zeuge, wie sich die Herrlichkeit Gottes langsam von Jerusalem abwendet. Das Rauschen ihrer Flügel weist auf Geschehnisse von großer Wichtigkeit hin (10,5). Dann erheben sich die Cherubim, um den Tempel zu verlassen.

Wenn Hesekiel 10 auch schwer zu verstehen ist, so wird doch eines ganz klar: Die Cherubim sind im Zusammenhang mit der Herrlichkeit Gottes zu sehen. Dieses Kapitel ist eines der geheimnisvollsten und enthält gleichzeitig eine der lebendigsten Schilderungen der Herrlichkeit Gottes, die wir in der Bibel finden, und die Engel haben hieran einen wichtigen Anteil. Wir müssen dieses Kapitel sorgfältig und betend lesen. Wenn wir das tun, geht uns etwas auf von der Größe und Herrlichkeit Gottes.

Wenn die Seraphim und Cherubim auch zu verschiedenen Ordnungen gehören und von Geheimnissen umgeben sind, so haben sie doch eines gemeinsam: die unaufhörliche Verherrlichung Gottes. Wir sehen die Cherubim neben dem Thron Gottes: »Du Hirte Israels, erscheine, der du thronst über den Cherubim!« (Ps 80,2). »Der Herr ist König, er sitzt auf den Cherubim« (Ps 99,1). Gottes Herrlichkeit kann nicht verborgen bleiben, und alle himmlischen Wesen bezeugen schweigend oder mit ihren Worten die Herrlichkeit Gottes. Nach 1. Mose 3,24 bewachen Cherubim den Baum des Lebens im Garten Eden. Auf dem Gnadenthron in der Stiftshütte waren goldene Figuren angebracht, die die wachenden Cherubim darstellten (2. Mose 25,18).

Die Cherubim bewachten das Allerheiligste, damit niemand, der nicht das Recht dazu hatte, zu Gott kommen konnte. Aber sie wachten auch darüber, daß der Hohepriester die Möglichkeit hatte, als ein Mittler zwischen den Menschen und Gott mit dem Blut in das Allerheiligste einzutreten. Er, und nur er allein, durfte in das Allerheiligste des Herrn eintreten. Durch die Erlösung hat heute jeder Gläubige, jedes wahre Kind Gottes als Hoherpriester direkten Zugang zu der Gegenwart Gottes durch Jesus Christus. Auch dem einfachsten Gläubigen werden die Cherubim den Weg zum Thron nicht versperren. Sie versichern uns, daß wir mit Kühnheit hinzutreten können, weil Christus durch sein Werk am Kreuz den Weg freigemacht hat. Der Vorhang im Tempel ist zerrissen. Paulus sagt: »So seid ihr nun nicht mehr Gäste und Fremdlinge, sondern Mitbürger der Heiligen und Gottes Hausgenossen« (Eph 2,19). Und Petrus versichert: »Ihr aber seid das auserwählte Geschlecht, das königliche Priestertum, das heilige Volk, das Volk des Eigentums, daß ihr verkündigen sollt die Wohltaten dessen, der euch berufen hat von der Finsternis zu seinem wunderbaren Licht« (1. Petr 2,9).

Wer seine Sünde bereut und Jesus Christus als Retter vertraut, erfreut sich zu jeder Zeit eines offenen Zugangs zum Thron Gottes.

Viele Christen glauben, daß die »lebendigen Tiere«, die im Buch der Offenbarung oft erwähnt werden, Cherubim sind. Aber in all ihrer Herrlichkeit müssen die Engel und himmlischen Wesen doch verblassen vor der unaussprechlichen Herrlichkeit des himmlischen Lammes, des Herrn der Herrlichkeit, vor dem alle Gewaltigen und Mächte im Himmel und auf Erden ihre Knie beugen und in staunender Anbetung niederfallen werden.

Luzifer und die Rebellion der Engel

Nur wenige Menschen erkennen, welch eine bedeutsame Rolle die Engelmächte im Leben der Menschen spielen. Daniel weist auf den dramatischen und unaufhörlichen Konflikt zwischen den heiligen Engeln Gottes und den Engeln der Finsternis, die Satan angehören, hin (Dan 10,11-14). Dieser Satan oder der Teufel, wurde einst Luzifer, der Sohn des Morgens, genannt. Vielleicht war er ein Erzengel wie Michael, aber er wurde mitsamt seinen rebellischen Anhängern aus dem Himmel verstoßen. Doch den Kampf führt er weiter. Es mag manchmal scheinen, als ob Satan der Sieger wäre. Er gewinnt zwar wichtige Einzelkämpfe, aber der Endsieg steht schon fest. Eines Tages wird er völlig besiegt und seiner Macht entkleidet werden. Gott wird die Mächte der Finsternis zerstören.

Viele Menschen stellen die Frage: »Wie konnte es in Gottes vollkommenem Universum zu einem solchen Konflikt kommen?« Paulus nennt dies »das Geheimnis der Bosheit« (2. Thess 2,7). Wir haben vielleicht nicht so viele Informationen zu diesem Thema wie uns lieb wäre, aber eines wissen wir sicher: Die Engel, die fielen, hatten gegen Gott gesündigt. Die Heilige Schrift sagt: »Denn Gott hat selbst die Engel, die gesündigt haben, nicht verschont, sondern hat sie mit Ketten der Finsternis in die Hölle gestoßen und übergeben, damit sie für das Gericht festgehalten werden« (2. Petr 2,4). Die Parallelstelle, Judas 6, legt die Verantwortung noch deutlicher auf die Schultern der Engel selbst: »Auch die Engel«, stellt er deutlich heraus, »die ihren himmlischen Rang nicht bewahrten, sondern ihre Behausung verließen, hat er für das Gericht des großen Tages festgehalten.«

Die größte Katastrophe in der Geschichte des geschaffenen Universums war die Absage Luzifers an Gott und der damit verbundene Fall von vielleicht einem Drittel der Engel, die ihm in seiner Rebellion gefolgt waren.

Wann geschah dies? Zu irgendeinem Zeitpunkt zwischen dem Anfang der Schöpfung und der listigen Verführung durch Satan im Garten Eden. Nach Dantes Vorstellung kam es zu dem Fall innerhalb von zwanzig Sekunden nach der Erschaffung der Engel, und er wurde durch den Stolz Luzifers ausgelöst, der die Zeit der vollkommenen Erkenntnis nicht abwarten konnte. John Milton ordnete die Erschaffung und den Fall der Engel unmittelbar vor der Versuchung Adams und Evas im Garten Eden ein.

Aber die eigentliche Frage lautet nicht: »Wann wurden die Engel erschaffen?«, sondern: »Wann sind sie gefallen?«. Wir können uns nur schwer vorstellen, daß es zu dem Fall der Engel kam, ehe Gott Adam und Eva erschuf. Wir wissen mit Sicherheit, daß Gott am siebten Tage, nachdem das Schöpfungswerk beendet war, ruhte und die gesamte Schöpfung als gut bezeichnete. Daraus können wir ableiten, daß auch die gesamte Engelschöpfung bis zu diesem Zeitpunkt gut war. Wir könnten nun weiterfragen: »Wie lange waren Adam und Eva im Garten Eden, bevor die Engel von Gott abfielen, und Satan den ersten Mann und die erste Frau in Versuchung führte?« Diese Frage muß ohne Antwort bleiben. Mit Sicherheit können wir nur sagen, daß Satan, der vor der Versuchung Adams und Evas gefallen war, der Urheber der Versuchung war. Ihn trifft deshalb eine größere Schuld, weil niemand existierte, der ihn hätte versuchen können.

Es begann also auf geheimnisvolle Weise mit Luzifer. Er war das klügste und schönste aller Geschöpfe im Himmel. Er war wahrscheinlich der herrschende Fürst des Universums, der nur Gott unterstellt war, gegen den er sich erhob. Das Ergebnis war Aufstand und Krieg im Himmel! Luzifer entfachte einen Krieg, der vom Augenblick seiner Sünde an im Himmel tobte und kurz nach der Morgendämmerung der Menschheitsgeschichte auf diese Erde ausgeweitet wurde. Dieser Konflikt trägt alle Merkmale einer zukünftigen Weltkrise!

In Jesaja 14,12-14 lesen wir vom Ursprung des Konflikts. Vor seiner Rebellion wird Luzifer, ein Engel des Lichts, in glühenden Farben geschildert: »Der du das Bild der Vollendung warst, voll von Weisheit und vollkommen an Schönheit ... du warst ein schirmender, gesalbter Cherub, und ich hatte dich gemacht; du warst auf Gottes heiligem Berge, du wandeltest inmitten feuriger Steine. Vollkommen warst du in deinen Wegen von dem Tage an, da du geschaffen worden, bis Unrecht an dir gefunden wurde ... dein Herz hat sich erhoben ob deiner Schönheit, du hast deine Weisheit zunichte gemacht wegen deines Glanzes« (Hes 28, 12-17, Elberfelder Übersetzung). Als der Engel Luzifer gegen Gott und seine Werke rebellierte, hat sich möglicherweise ein Drittel der Heerscharen der Engel des Universums auf seine Seite geschlagen. So begann der Krieg im Himmel, setzte sich auf der Erde fort und wird im Kampf von Harmagedon seinen Höhepunkt finden, wo Christus und seine Engelheere den Sieg davontragen werden. In seinem ausgezeichneten Buch *All About Angels* (Alles über Engel) weist Leslie Miller darauf hin, daß die Heilige Schrift mitunter von Engeln als von Sternen spricht. Dies erklärt, warum Satan vor seinem Fall als »Morgenstern« bezeichnet wurde. Der Apostel Johannes fügt hier noch eine Einzelheit hinzu: »Und sein Schwanz fegte den dritten Teil der Sterne des Himmels hinweg und warf sie auf die Erde« (Offb 12,4).

Rebellion im Himmel

Der Apostel Paulus weist auf die Rebellion im Himmel hin, wenn er von dem ehemaligen Luzifer, Satan, als dem »Mächtigen, der in der Luft herrscht, nämlich dem Geist, der zu dieser Zeit am Werk ist in den Kindern des Ungehorsams« (Eph 2,2) spricht. Er macht auch deutlich: der Kampf gegen das organisierte Königreich der satanischen Finsternis ist ein Kampf »nicht mit Fleisch und Blut, sondern mit Mächtigen und Gewalten, nämlich mit den Herren der Welt, die in dieser Finsternis herrschen, mit den bösen Geistern unter dem Himmel« (Eph 6,12).

Wir können alle Ungerechtigkeit und Übertretung von Gottes Willen als »Selbstwillen« bezeichnen. Diese Definition trifft heute sowohl auf die Menschen als auch auf Engel zu.

Das fünffache »Ich will« Luzifers

Luzifer, der Sohn der Morgenröte, wurde wie alle anderen Engel geschaffen, um Gott zu verherrlichen. Aber anstatt Gott zu dienen und ihn in Ewigkeit zu preisen, wollte Satan selbst über den Himmel und die Schöpfung an der Stelle Gottes regieren. Er wollte die höchste Machtposition! Luzifer dachte sich (Jes 14,13-14): »Ich will in den Himmel steigen und meinen Thron über die Sterne Gottes erhöhen, ich will mich setzen auf den Berg der Versammlung im fernsten Norden. Ich will auffahren über die hohen Wolken und gleich sein dem Allerhöchsten.« Ich ... ich ... ich ... ich ... ich.

Luzifer war nicht damit zufrieden, seinem Schöpfer untergeordnet zu sein. Er wollte Gottes Thron einnehmen. Er berauschte sich an dem Gedanken, Mittelpunkt der Macht im Universum zu sein. Er wollte der Cäsar, der Napoleon, der Hitler des ganzen Universums werden. Dieser »Ich-will«-Geist ist der Geist der Rebellion, und Luzifer unternahm einen kühnen Anlauf, um den Allerhöchsten zu entthronen. Als raffinierter Taktiker sah er sich bereits selbst in den allerhöchsten Positionen der Macht und Herrlichkeit. Er wollte angebetet werden, nicht aber Gott anbeten.

Satans Wunsch, an die Stelle Gottes als Herrscher des Universums zu treten, kann aus einer grundlegenden Sünde erwachsen sein, die zu der bereits erwähnten Sünde hinführte. Hinter Satans Stolz lauerte die tödlichste aller Sünden: die Sünde der Begehrlichkeit. Er wollte das haben, was ihm nicht zustand. Jeder Krieg auf Erden geht praktisch auf diese Sünde der Habsucht und Begierde zurück. Der Krieg im Himmel und auf der Erde zwischen Gott und dem Teufel entsprang auch diesem Begehren nach dem, was Gott allein zustand.

Es ist heute so, wie es schon immer war: Man kann kaum nur für sich privat sündigen, die Sünde ist ansteckend. In diesem Zusammenhang spricht die Bibel von dem »Drachen ... und seinen Engeln« (Offb 12,7) und weist darauf hin, daß unzählige Engel gemeinsam mit Luzifer gegen Gott aufstanden und darum ihre hohe Stellung verloren. Sie entschieden sich für die Rebellion des Luzifers. Aufgrund ihres Falles werden sie nun für das Gericht festgehalten« (2. Petr 2,4) und warten gemeinsam mit Luzifer auf »das ewige Feuer, das bereitet ist dem Teufel und seinen Engeln« (Mt 25,41). Aber bis dies geschieht, stellen sie eine unheimliche Macht dar, richten bei einzelnen Menschen, Familien und ganzen Völkern Zerstörung und Verwüstung an! Wir müssen wachsam sein, denn sie sind gefährlich, heimtückisch und tödlich. Sie wollen alle Menschen unter ihre Kontrolle bringen und zahlen jeden Preis, um zu diesem Ziel zu gelangen.

Satan, der gefallene Fürst des Himmels, hat sich entschieden, auf Leben oder Tod gegen Gott zu kämpfen. Er ist ein meisterhafter Taktiker, der seit seiner ersten Rebellion unaufhörlich Pläne der Zerstörung geschmiedet hat. Sein »Ich-will«-Geist hat durch seinen verzehrenden Haß gegen Gott seine tragischen Spuren in der Menschheitsgeschichte hinterlassen. In seinem Krieg gegen Gott benutzt Satan die Menschheit, die Gott erschaffen hat und die er liebt. So sind Gottes gute Mächte und die bösen Mächte Satans seit Beginn der Menschheit in einen tödlichen Konflikt verwickelt. Wenn die führenden Staatsmänner dieser Welt nicht das eigentliche Wesen dieses Konfliktes verstehen, werden sie auch weiterhin blinde Blindenführer sein. Sie werden vielleicht hier und dort ein bißchen reparieren können. Aber eine wirkliche Lösung für die großen Probleme dieser Welt kann erst dann gefunden werden, wenn dieser geistliche Krieg durchgestanden ist. Und das wird nach dem letzten Kampf der Geschichte — dem Kampf von Harmagedon — geschehen. Dann werden Christus und seine Engelheere endgültig Sieger sein!

Ein Blick in die Vergangenheit, Gegenwart und Zukunft

Aus Luzifer wurde Satan, der Teufel, der Urheber der Sünde; und überall, wo die Sünde hinkam, hat sie Betrug, Verrat, Unterdrückung und Zerstörung gesät.

Wird dieser Kampf der Zeitalter, dieser Krieg gegen Gott, der in Luzifer seinen Ursprung nahm und sich auch auf die Erde ausweitete, denn niemals ein Ende finden?

Der Krieg tobt nicht nur auf der Erde, sondern auch im Himmel. »Und es entbrannte ein Kampf im Himmel: Michael und seine Engel kämpften gegen den Drachen. Und der Drache kämpfte und seine Engel ... und es wurde hinausgeworfen der große Drache« (Offb 12,7.9).

Satan und seine Dämonen werden erkannt an der Uneinigkeit, die sie hervorrufen, den Kriegen, die sie herbeiführen, dem Haß, den sie schüren, den Morden, für die sie verantwortlich sind, und an der Rebellion gegen Gott und seine Gebote. Sie haben sich dem Geist der Zerstörung verschrieben. Auf der anderen Seite stehen die heiligen Engel, die ihrem Schöpfer gehorsam sind. Bei den Engeln im Himmel gibt es keine Zwietracht. Sie sind ganz dem einen Ziel hingegeben, für das auch alle wahren Kinder Gottes beten: »Dein Reich komme, dein Wille geschehe wie im Himmel so auf Erden« (Mt 6,10).

Die Bibel spricht von Luzifer und den gefallenen Engeln als solchen, die gesündigt haben und darum ihre Stellung vor Gott nicht behalten konnten (Jud 6). Sie begingen die Sünde des verzehrenden Stolzes und der Begehrlichkeit. Besonders die Sünde des Stolzes ist schon vielen Menschen zum Fallstrick geworden. Wenn der Stolz den Fall Luzifers im Himmel herbeiführen konnte, kann er auch die sterblichen Menschen überwältigen. Darum müssen wir gegen den Stolz ankämpfen, damit nicht auch wir fallen wie Luzifer und seine Engel, die zu Dämonen wurden.

Ist es vielleicht Gottes Absicht gewesen, daß die Menschen nicht an der Existenz Satans und seiner dämonischen Lehre zweifeln sollten? Vielleicht hat ihn diese Überlegung veranlaßt, dem Propheten die Worte einzugeben, die Satan in irdi-

schem Gewand beschreiben. Dieser Bericht des Propheten Hesekiel (Hes 28) spricht von einem irdischen Fürsten der Stadt
Tyrus, der ein irdisches Symbol Satans zu sein scheint. Aus diesem Abschnitt wird deutlich, daß der König von Tyrus ein
Sinnbild des Teufels wurde und dadurch eine irdische Illustration vom Fall Satans war.

Wir glauben, daß der Kampf noch immer fortdauert. Der
größte Kampf aller Zeiten ist noch immer voll im Gange. Und
die Fronten dieses Krieges bedrohen Gottes Leute immer
mehr. Die Kriege der Völker auf dieser Erde sind nur Sandka-
stenmanöver im Vergleich mit den ungeheuren Kämpfen der
geistlichen, unsichtbaren Welt. Dieser unsichtbare geistliche
Konflikt wird unablässig um uns her ausgetragen. Wo der Herr
arbeitet, wollen ihn die Mächte Satans behindern; wo die Engel
ihre göttlichen Befehle ausführen, toben die Teufel. Sie haben
ein erklärtes Ziel: Sie wollen Gott seine Herrschaft und seine
Herrlichkeit streitig machen.

Wenn es nicht die Heerscharen der Engel gäbe, denen Gott
die Macht verliehen hat, den Dämonen Satans zu widerstehen,
wer könnte dann je hoffen, durch das Kampfgebiet der teuf-
lischen Herren der Finsternis zum Herrn der ewigen Freiheit
und Erlösung durchzudringen? Paulus sagt die Wahrheit, wenn
er die Festung der Finsternis als uneinnehmbar bezeichnet.
Als dem Kampf des Glaubens und des Lichtes können sie
nicht widerstehen. Und in diesen Kampf haben sich die
Heerscharen der Engel begeben, um unseren Sieg zu erringen
(2. Kor 10,4-5).

Der Angriff Satans

Offenbarung 12,10 spricht von Satan als dem »Verkläger der Brüder«, und Epheser 6,12 beschreibt die »Mächtigen und Gewaltigen ...«, die in dieser Finsternis herrschen, mit den bösen Geistern unter dem Himmel.« Obwohl Satan und seine bösen Anhänger auch im Himmel weiterkämpfen, scheint es doch ihr vordringliches Ziel zu sein, den Glauben in der Welt zu zerstören. Jesaja 14,12-14 spricht eindeutig von den Zielen Satans: Er will die Völker zu Fall bringen, die Moral korrumpieren und die menschlichen Ressourcen verschwenden. Indem er die Gesellschaftsordnung durcheinanderbringt, will er jegliche Ordnung verhindern und das Königreich unseres Gottes erschüttern. Er setzt seine zerstörerischen Kräfte ein, um Verwüstung, Feuer, Fluten, Erdbeben, Stürme, Seuchen und die Vernichtung von Menschen und Völkern zu bewerkstelligen. Die Beschreibung der großen Macht Satans endet mit den Worten: »Der den Erdkreis zur Wüste machte und seine Städte zerstörte und seine Gefangenen nicht nach Hause entließ« (Jes 14,17). Dies bezieht sich ohne Zweifel auf das Gefängnis Satans, den Hades oder die Bleibe der Toten, die in Lukas 16,19-21 deutlich beschrieben wird. Satan verfügt über große Macht. Er ist klug und verschlagen und hat sich selbst gegen Gott und seine Leute gestellt. Er wird alles in seiner Macht stehende tun, um die Menschen in der Sünde gefangenzuhalten und sie in das Gefängnis der ewigen Trennung von Gott zu zerren.

Seit dem Fall Luzifers, des Engels des Lichts und des Sohnes des Morgens, hat es in dem bitteren Kampf der Zeiten keine Atempause gegeben. Tag und Nacht arbeitet Luzifer, der Meister finsterer Arglist, daran, Gottes Heilsplan zu unterlaufen. Auf jeder Seite der Menschheitsgeschichte finden wir die Spuren des Bösen, die die Mächte der Finsternis hinterlassen haben. Satan weicht keinen Zentimeter; er unterbricht seine Anstrengungen, den kosmischen Heilsplan Gottes zu zerstören, keinen Augenblick. Er arbeitet unablässig daran, die Glaubwürdigkeit des Wortes Gottes in Mißkredit zu bringen. Dazu verführt er die Menschen, die Autorität Gottes zu verleugnen, und wiegt die Welt in einem scheinbar angenehmen Sündenschlaf. Die Sünde ist eine furchtbare Realität in unserer Welt. Sie wirkt Zerstörung durch Laster und Begierden, durch das Toben der Kriege, durch Selbstsucht und Leid, sie tut ihr Werk in gebrochenen Herzen und verlorenen Seelen. Die Sünde bleibt die große Tragödie des Universums und das Werkzeug in den Händen Satans, mit dem er die Werke Gottes zu behindern oder zu zerstören sucht.

Satanische Intrigen

Wenn Gott gerecht ist, kann er niemals Sünde tolerieren. Er wird es nicht hinnehmen, daß Luzifer ihn verhöhnt, denn die unausweichliche Antwort auf das Böse in der Welt ist im unabänderlichen Gesetz des Wortes Gottes festgelegt: »Der Sünde Sold ist der Tod; die Gabe Gottes aber ist das ewige Leben in Christus Jesus, unserm Herrn« (Röm 6,23). Satans Angriff, der am Beginn der Menschheitsgeschichte stattfand, wird sich hinziehen, bis Gott bei dem fürchterlichen Drama von Harmagedon den Vorhang fallenlassen wird.

Satans ganze Ideologie beruht auf dem kleinen Wörtchen »wenn«. Zu allen Zeiten hat er versucht, Gott in den Augen der

Menschen als einen Lügner hinzustellen. Er läßt nie davon ab, die Ansprüche des Wortes Gottes zu untergraben und die Menschen ihrer Glaubenskraft und ihres Glaubenstrostes zu berauben. Das Werkzeug Luzifers ist das kleine »wenn«, aber Gott erklärt, daß es kein »wenn«, »aber« oder »und« im Blick auf seinen Heilsplan gibt. Gottes Plan kann nicht verändert werden. Den Fragezeichen Satans steht Gottes unveränderliches Wort gegenüber. Auf der Grundlage des Werkes Christi und des Dienstes seiner Engelscharen können wir zuversichtlich und triumphierend auf seinen Kampf mit den Armeen Luzifers schauen. Das versichert er uns in seinem Wort.

Es erstaunt uns nicht, daß der gefallene Luzifer einen Plan ausdachte, um die Vorrangstellung Gottes in seiner Schöpfung in Zweifel zu ziehen. Bei dem ersten Gespräch im Garten Eden fragte Luzifer in der Gestalt der Schlange: »Ja, sollte Gott gesagt haben: ihr sollt nicht essen von allen Bäumen im Garten?« (1. Mose 3,1). Die Antwort auf diese Frage lautete: »Esset nicht davon, rühret sie auch nicht an, daß ihr nicht sterbet« (1. Mose 3,3).

Beachten wir die Antwort Luzifers: »Ihr werdet keineswegs des Todes sterben« (1. Mose 3,4). Er sagt hier also, daß Gott nicht weiß, wovon er spricht. In seinem Vorgehen flicht Satan oft eine kleine Frage ein, um Zweifel zu säen, und immer wieder kommt er mit seinem hintergründigen »Wenn« und »Aber«. Es ist tödlich, an Gottes Wort zu zweifeln. Satans Strategie besteht darin, uns zum Rationalisieren zu veranlassen. Wahrscheinlich hat Eva mit dem Feind argumentiert: Ist es möglich, daß Gott so ungerecht und unfreundlich ist, uns dieses unschuldige Vergnügen zu mißgönnen? — »Er war eine Lust für die Augen« (1. Mose 3,6). Eva ließ sich törichterweise mit dem Versucher in eine Diskussion ein. Und sie fing an, die Wahrheit und Weisheit Gottes zu bezweifeln. Das Gift der

Sünde fand seinen Weg, als sie in ihrem Verstand gegen die Weisheit Gottes argumentierte. Wie leicht kann Satan finstere Dinge unter leuchtenden Farben verbergen! Seine Intrigen erreichen uns in den leuchtenden Farben unserer eigenen Wünsche. »Dieser Baum ist begehrenswert, weil er Weisheit schenkt.« Eva hörte zu; sie durchdachte das Problem, sah die Frucht an, berührte sie, nahm sie und aß von ihr. Satan versäumt es nie, die Menschen auf den Appetit des Fleisches und die scheinbaren sinnlichen Befriedigungen hin anzusprechen. Unsere Sinne sind Türen, durch die Satan eindringen kann, um seine Zweifel auszustreuen.

Im ersten Buch Mose lesen wir, daß zunächst Eva aß und dann auch Adam zu essen gab. Wären sie entschlossen gewesen, Gott und seiner Weisheit zu vertrauen, wenn sie somit die Gefahr, die mit dieser Frucht verbunden war, erkannt hätten, wäre die gesamte Menschheitsgeschichte grundsätzlich anders verlaufen. Hätten sie nur die Folgen des Ungehorsams erkannt, hätten sie nur die Gefahren des satanischen »Wenn« verstanden, hätten sie nur eine Vorstellung von dem Flammenschwert gehabt, das sie für immer aus dem Garten Eden ausschließen würde! Hätten sie nur die schrecklichen Folgen eines einzigen »unschuldigen« Augenblicks erkannt, dann hätten sie nicht später vor dem leblosen Körper ihres Sohnes Abel stehen müssen. Sein tragisches Ende war die Folge der verführerischen Macht der Sünde in ihrem eigenen Leben. Ohne diese Sünde wäre unsere Welt auch heute ein Paradies!

Wenn Adam und Eva dem Teufel widerstanden hätten, wäre er von ihnen gewichen und für immer besiegt gewesen. Aber sie fielen, und damit kam der Tod zu allen Menschen (1. Mose 3,13). Erst seit dem Zeitpunkt gab es den Tod! Die Sünde hat auf alle Menschen die gleiche Wirkung, wie immer der Zustand des einzelnen Menschen, seine Natur oder seine Umgebung beschaffen sein mögen. Wir sind von Natur aus verdorben, weil wir das von unseren Vorfahren übernommen haben (Röm 3,19). Die Menschheit ist verseucht. Wir müssen den Schuldspruch und die Befleckung durch die Sünde tragen. Und jeder Mensch muß Gott Rechenschaft ablegen.

Auch heute flüstert Satan den Menschen immer wieder dieses kleine Wörtchen »wenn« zu: »Wenn« du ein gutes Leben führst, »wenn« du dir nichts zuschulden kommen läßt, »wenn« du zur Kirche gehst, »wenn« du anderen Menschen hilfst — wenn, wenn, wenn. Aber die Bibel zeigt uns, daß diese »Wenns« Gott nicht als Voraussetzung zur Erlösung genügen. Unsere guten Werke und Vorsätze reichen nicht aus. Jesus sagt: »Ihr müßt von neuem geboren werden« (Joh 3,7).

So hat sich Satans Taktik bis auf den heutigen Tag nicht geändert. Immer noch zischelt die Schlange ihr tödliches »Wenn« und »Aber«. Der Todesgeruch hat sich über der ganzen Welt ausgebreitet! C. S. Lewis machte deutlich: »Kriege vermehren nicht den Tod — jede Generation sieht sich dem totalen Tod gegenüber.« Aber wir können ewiges Leben haben, wenn wir an Jesus Christus glauben.

Der persönliche Dienst der Engel

Engel dienen jedem von uns persönlich. Viele Hinweise in der Bibel machen deutlich, daß sie sich um jeden einzelnen Menschen persönlich bemühen.

Als Evangelist erlebe ich oft Situationen, in denen ich rein menschlich gesehen eigentlich viel zu ausgelaugt gewesen wäre, um den Männern und Frauen, die sich in den Stadien versammelt hatten, eine Botschaft vom Herrn zu bringen. Aber immer wieder verschwand meine Müdigkeit, und meine Kraft wurde erneuert. Ich wurde nicht nur in meiner Seele von der Kraft Gottes erfüllt, sondern auch rein physisch neu belebt. Bei vielen Gelegenheiten war mir Gott ganz besonders nahe und sandte seine unsichtbaren Besucher, damit sie meinen Körper berührten und ich wieder ein Bote der Ewigkeit sein konnte – ein sterbender Mann, der zu sterbenden Menschen sprach.

Wir sind uns der Gegenwart der Engel vielleicht nicht immer bewußt und können auch nicht immer vorhersehen, auf welche Weise sie sich offenbaren werden, aber man hat Engel schon unsere Nachbarn genannt. Sicher sind sie oft bei uns, ohne daß wir ihre Gegenwart spüren, und wir wissen sehr wenig von ihrem Dienst. Aber wie die Bibel sagt, werden unsere Augen eines Tages aufgetan, damit wir das ganze Ausmaß ihrer Fürsorge erkennen können (1. Kor 13,11-12).

Viele Erfahrungen von Kindern Gottes lassen auf den Dienst eines Engels schließen. Andere erkannten vielleicht nicht, daß ihnen geholfen wurde, es handelte sich aber trotzdem um ein Werk der Engel. Wie die Bibel sagt, hat Gott seinen Engeln befohlen, seinen Leuten zu dienen — denen, die durch die Macht des Blutes errettet sind.

Im Alten Testament beschreibt Daniel auf plastische Weise den bitteren Kampf zwischen den Mächten der Engel Gottes und den rebellischen Dämonen der Finsternis. Daniel trauerte drei Wochen, ehe der Engel zu ihm kam (Dan 10,3). Er aß kein Brot, trank keinen Wein und salbte sich nicht. Als er dann am Tigris stand, erschien ein in Leinen gekleideter Mann. Sein Gesicht war wie der Blitz und seine Augen wie brennende Fackeln. Seine Stimme war wie das Raunen einer großen Menschenmenge.

Nur Daniel hatte dieses Gesicht. Die Männer, die bei ihm waren, sahen es nicht. Aber es überkam sie eine große Furcht, und sie rannten fort, um sich zu verstecken. Nachdem Daniel mit dem himmlischen Besucher allein war, verließ ihn alle seine Kraft, so groß war die Wirkung, die dieser Engel auf ihn hatte.

Dann versank Daniel in einen tiefen Schlaf, hörte aber trotzdem die Stimme des Engels. Eine Hand berührte ihn, und der Engel beschrieb eine Erfahrung, die er selbst gerade gemacht hatte. Der Engel hatte sich zu Daniel auf den Weg gemacht, als dieser zu beten anfing, wurde aber unterwegs von einem Dämon aufgehalten, der ihn angriff und zurückhielt. Dann kam Michael, um diesem untergeordneten Engel zu helfen, und befreite ihn, damit dieser seinen Auftrag an Daniel erfüllen konnte.

Der Engel kam mit einer Botschaft. Er sollte Daniel zeigen, was Gott im Blick auf die Welt voraussah — besonders für die endzeitliche Situation Israels. Daniel war so schwach, daß er nicht sprechen konnte. Darum berührte der Engel seine Lippen und gab ihm seine Kraft zurück. Nachdem er seinen Auftrag ausgeführt hatte, sagte der Engel zu Daniel, er werde nun zurückkehren und den Kampf mit dem Fürsten der Dämonen wieder aufnehmen. Es handelte sich hier nicht um eine Halluzination oder einen Traum Daniels. Es war ein echtes Erlebnis mit einer ganz realen Person, und niemand hätte Daniel das Gegenteil einreden können.

Er hatte Gott für sein Volk Israel angefleht. Diese Gebets- und Fastenzeit hatte drei Wochen gedauert. Und dann erreichte ihn durch den Engel die Nachricht aus dem Himmel, daß sein Gebet erhört war. Wie wir aus diesem Ereignis entnehmen, bedeutet eine Verzögerung der Gebetserhörung nicht, daß Gott ein Gebet gar nicht erhören will.

Während mancher Krisensituation in dieser Welt hatte ich das Vorrecht, mit führenden Persönlichkeiten in der Regierung zu sprechen. Minister Dean Rusk besuchte während des Nahostkrieges im Jahre 1967 meine Heimatstadt Montreat und lud mich zu sich ein. Während wir uns über den soeben ausgebrochenen Krieg austauschten, sagte ich ihm, daß nach meiner Sicht »übernatürliche Mächte am Werk« seien. Am Vorabend einer seiner Auslandsmissionen gab mir Minister Kissinger einen Einblick in die überwältigenden Probleme, denen sich die Welt damals wie heute gegenübersieht. Auch ihm teilte ich meine Ansicht mit und sagte, die Welt stehe in einem unsichtbaren geistlichen Krieg, in dem die Mächte der Finsternis gegen die Herrschaft Gottes angetreten seien. Durch die turbulenten Ereignisse der letzten Jahrzehnte bin ich immer mehr zu der Überzeugung gekommen, daß die Aktivitäten der unsichtbaren dämonischen Mächte zunehmen. Ein bekannter Kommentator der Nachrichtensendungen im Fernsehen sagte zu mir in seinem Büro: »Die Welt ist außer Kontrolle geraten.« Es scheint unglaublich, daß sich ein solcher geistlicher Krieg wirklich zuträgt — aber die Bibel bestätigt und unterstreicht es!

Dr. A. C. Gaebelein hat dies den »Konflikt der Zeitalter« genannt. Der Kampf wird erst dann beendet werden, wenn Jesus Christus auf diese Erde zurückkommt. Darum sucht die Welt fieberhaft nach einem »Führer«. Der Antichrist, Satans Vertreter auf Erden, wird erscheinen und auf kurze Zeit als *die* Antwort gelten. Aber nur wenige Monate später wird die Welt erneut in Chaos und Konflikt gestürzt werden. Es wird als »die Lüge« entlarvt werden (2. Thess 2,3-10). Dann wird der Eine, den Gott ausgewählt und vor Anbeginn der Zeit gesalbt hat, mit aller seiner Macht und seinen heiligen Engeln auf diese Erde zurückkommen. Am Ende der Zeiten wird er den Teufel und seine Dämonen in den Feuersee stoßen. So wird für den wahren Gläubigen der jetzt tobende Kampf im Sinne Gottes entschieden werden. Die Gerechtigkeit wird siegen.

Die Erfahrung, die Jakob mit Engeln machte, ist eine hervorragende Illustration für ihren Dienst an den Menschen. Einerseits war Jakob ein Betrüger. Er hatte das Erstgeburtsrecht von seinem Bruder ergaunert, belog seinen Vater und betrog den fast blinden Mann. Dann floh er vor seinem Bruder, der ihn töten wollte und heiratete beide Töchter seines Onkels Laban. Als er dann nicht mehr in der Gunst ihres Vaters und ihrer Brüder stand, nahm er seine Familie und Herden und floh zurück nach Kanaan.

Obwohl Jakob ein geschickter Betrüger und Intrigant war, kümmerte sich doch Gott um ihn als den Mann, der in der »Linie der Verheißung« stand. Vor ihm sollten die zwölf Stämme Israels kommen. Wie wir aus der Heiligen Schrift wissen, begegneten ihm auf der Flucht die Engel Gottes. Jakob war so überwältigt von dem Anblick, daß er ausrief: »Hier ist Gottes Heerlager!« (1. Mose 32,3) und den Ort Mahanaim, d. h. »zwei Lager«, nannte. Er nannte die Engel »Gottes Heerlager«. Aber die Geschichte ist hier noch nicht zu Ende. Nachdem er zuerst seinen Bruder Esau betrogen hatte, fürchtete er ihn nun, weil er nicht wußte, ob er willkommen war oder umgebracht werden sollte. Darum betete Jakob und gab zu, daß er die Gnade Gottes nicht verdient habe, und er bat um Schutz vor der Hand seines Bruders Esau.

In der Nacht vor der Begegnung der beiden Brüder war Jakob ganz allein. Seine Familie und seine Diener waren vorausgegangen. Plötzlich erschien ein Mann und kämpfte mit ihm bis zum Morgengrauen. Dann berührte der Mann die Hüfte Jakobs, »und das Gelenk der Hüfte wurde über dem Ringen mit ihm verrenkt«. Da erkannte Jakob, daß er es mit einem Engel zu tun hatte, und wollte ihn erst gehen lassen, nachdem er von ihm gesegnet worden war. Als er dem Fremden seinen Namen nannte, sagte dieser: »Du sollst nicht mehr Jakob heißen, sondern Israel; denn du hast mit Gott und mit den Menschen gekämpft und hast gewonnen.« Als dann Jakob den Mann nach dessen Namen fragte, bekam er keine Antwort. Aber der Mann segnete ihn dort, und Jakob nannte den Ort Pniel, was »Angesicht Gottes« bedeutet. »Ich habe Gott von Angesicht gesehen, und doch wurde mein Leben gerettet« (1. Mose 32,24-30).

Es kann sehr wohl sein, daß es sich hier um Jesus handelte, der vorübergehend Menschengestalt angenommen hatte. Und zu Beginn seiner Flucht war Jakob von vielen Engeln umgeben gewesen. Durch diese beiden Erfahrungen offenbarte Gott seinen Willen für das Leben Jakobs und gab ihm die Verheißung, daß er ein Fürst sein würde. Am nächsten Tag ging Jakob getrost weiter, um Esau zu begegnen. Für ihn und seine Familie nahm alles eine gute Wende. Jahrhunderte später bezeugte Hosea, daß der Gott des Himmels dem Jakob erschienen war, um ihm in der Gestalt eines Engels zu dienen (Hos 12,3-6).

Mose und Abraham sind wohl die beiden herausragendsten Persönlichkeiten des Alten Testamentes. In entscheidungsvollen Situationen ihres Lebens hatten beide mit Engeln zu tun. Wir haben bereits gesehen, wie die Engel dem Abraham dienten, jetzt wollen wir einen Blick auf Mose am brennenden Busch werfen (2. Mose 3).

Die Vorgeschichte ist hier von Bedeutung. Vierzig Jahre lang lebte Mose am ägyptischen Hof, lernte die Sprache, die Sitten und Gesetze der Ägypter kennen. Er lebte im Luxus und nahm eine wichtige Stellung in der Gesellschaft ein. Dann erschlug er einen Ägypter und mußte in die Wüste fliehen. Die nächsten vierzig Jahre verbrachte er als Hirte an der »Universität der Einsamkeit«. Die Schrift sagt uns wenig über diese Zeit, aber es war für Mose eine ungeheure Umstellung, vom Hof des Pharao zu den Schafen zu gehen. Der Hirte war nicht gerade ein besonders angesehenes Glied der Gesellschaft. Verglichen mit seinem früheren Leben war Mose nun ein Ausgestoßener. Und Gott brauchte vierzig Jahre, um Mose für die Aufgabe, die er für ihn hatte, zuzubereiten. Er war also achtzig Jahre alt, ein Alter, wo das Lebenswerk der meisten Menschen in unserer Zeit vollendet ist, als er für den Ruf Gottes bereit war.

Während er seiner Arbeit nachging, sah Mose eines Tages einen brennenden Busch. Es fiel ihm auf, daß das Feuer den Busch nicht verzehrte. Mehr noch: »Der Engel des Herrn erschien ihm in einer feurigen Flamme aus dem Dornbusch.« Weil wir keinen Grund zu der Annahme haben, daß Mose schon einmal einen Engel gesehen hatte, muß dies für ihn ein ungeheuerliches Erlebnis gewesen sein. Und dann sprach Gott selbst zu Mose aus dem Busch.

Mose war zutiefst bewegt. Nachdem Gott ihm befohlen hatte, seine Schuhe auszuziehen, weil der Boden, auf dem er stand, heilig war, offenbarte sich Gott als der Gott Abrahams, Isaaks und Jakobs. Tiefe Ehrfurcht ergriff Mose. Er verbarg sein Gesicht und fürchtete sich, Gott anzusehen. Dann enthüllte

Gott Mose seinen Plan zur Rettung der Israeliten aus der ägyptischen Gefangenschaft, in dem er, Mose, eine führende Rolle spielen sollte. Als Mose fragte, was er denn sagen sollte, wer ihm dies alles offenbart habe, antwortete Gott: »›*Ich werde sein*‹ *der hat mich zu euch gesandt.*«

Mose war zunächst nicht begeistert von dem, was Gott ihm offenbart hatte. Er brachte — wie er glaubte — stichhaltige Gründe vor, die ihn für eine solche Aufgabe ungeeignet erscheinen ließen. Zunächst sagte er, das Volk Israel würde ihm niemals glauben und darum auch seine Führung nicht anerkennen. Gott antwortete mit der Frage, was er in der Hand halte. Mose sagte: »Einen Stab.« Gott sprach: »Wirf ihn auf die Erde.« Und plötzlich verwandelte sich der Stab in eine Schlange. Als Mose danach griff, wurde sie wieder zu einem Stab. Dann befahl Gott dem Mose, seine Hand unter sein Gewand zu legen. Als er sie wieder hervorzog, war sie aussätzig wie Schnee. Als er sie noch einmal unter das Gewand steckte und wieder hervorzog, war die Krankheit verschwunden. Durch solche Zeichen, sagte Gott, würde er dem Volk die Legitimation des Mose verdeutlichen.

Mose hatte noch eine weitere Entschuldigung: Er könne nicht reden, er habe eine schwere Zunge. Vielleicht hing dies damit zusammen, daß er vierzig Jahre lang in der Wüste gelebt und wenig Gelegenheit zum Reden gehabt hatte. Aber Gott nahm auch diese Entschuldigung nicht an. Er würde Aaron senden, der sollte sein Mund sein. Und so verließ Mose die Wüste, ging zurück nach Ägypten und begann mit dem Werk der Befreiung. Dieses Ereignis ist für unser Studium wichtig, weil es ganz eng mit dem Engel des Herrn im brennenden Busch verknüpft ist. Hier wird erneut deutlich, daß Gott Engel gebraucht (oder selbst in der Gestalt eines Engels erscheint), um seinen Willen kundzutun und den Menschen seine Entscheidungen mitzuteilen.

Die Erfahrung mit Engeln wurde zu einem festen Bestandteil des Auszugs aus Ägypten. So sagt uns die Bibel: »Und wir schrieen zu dem Herrn; der hat unsere Stimme erhört und einen Engel gesandt und uns aus Ägypten geführt« (4. Mose 20,16). Es kann sehr wohl sein, daß es sich bei dem einen oder anderen Ereignis um Jesus Christus, die zweite Person der Dreieinigkeit handelte, der die Gestalt eines Engels angenommen hatte. Aber das können wir nur annehmen. Wenn es so ist, dann unterstreicht dies das Zeugnis des Paulus: »Jesus Christus gestern und heute und derselbe auch in Ewigkeit« (Hebr 13,8).

Wie Jesus heute durch seinen Heiligen Geist bei uns ist und sich selbst und seinen Willen offenbart, so war er mit seinem Volk in der Vergangenheit, und so wird es auch in der Zukunft sein, daß er nämlich als der Engel der Gegenwart Gottes uns führt. Den »Gläubigen« vergangener Zeiten offenbarte Gott, der Vater, seine Gegenwart durch Engel; durch *den* Engel des Herrn, Gott, den Sohn, Jesus Christus, offenbarte er sich selbst und erlöste uns durch die Kreuzigung, den Tod und die Auferstehung des Sohnes. Dieses Mysterium können wir nie ganz ergründen.

Jüdische Gelehrte gaben dem Engel des Herrn den Namen »Metatron«, »der Engel des Angesichts«, weil er beständig vor dem Angesicht Gottes ist und den Plan Gottes für die Menschen verkündet.

Gott hat uns die umfassendste Offenbarung gegeben – Jesus Christus im Fleisch –, darum muß er sich in diesem Zeitalter der Gnade nicht mehr als »Engel des Herrn« offenbaren. Darum sind auch die Engel, die im Neuen Testament oder heute erscheinen, »geschaffene Geister« und nicht Gott in Engelgestalt, wie das gelegentlich im Alten Testament der Fall war. Die Erscheinung Gottes in Menschengestalt (Theophanie), wie das auch im Alten Testament geschah, ist nicht mehr nötig. Beachten wir die Gegenwart der Engel im Neuen Testament nach dem wunderbaren Ereignis der Geburt des Gottessohnes im Fleisch: Ihre Aufgabe war es, diese Botschaft Gottes zu verkündigen, nicht aber sie zu verdrängen oder von ihr abzulenken.

Gott gebraucht sowohl Menschen als auch Engel, um seine Botschaft denen zu verkündigen, die aus Gnaden selig werden sollen. »Sind sie nicht allesamt dienstbare Geister, ausgesandt zum Dienst um derer willen, die das Heil ererben sollen?« (Hebr 1,14). Welch eine große Ehre wird es sein, daß uns die Engel bei unserem Namen kennen, weil wir in unserem Zeugnis anderen Menschen gegenüber treu gewesen sind. Engel freuen sich mit uns über die, die Buße tun (Lk 15,10), auch wenn sie selbst das Evangelium nicht verkündigen können. Betrachten wir in diesem Zusammenhang den Diakon Philippus, den Gott als ein Instrument der Erweckung in Samarien gebrauchte. Ein Engel kam mit der Anweisung zu ihm, er solle in die Wüste gehen (Apg 8,26). Gott richtete es so ein, daß er den Kämmerer traf und ihm das Wort der Wahrheit verkündigen konnte. So wurde Philippus für ihn zur Stimme Gottes.

Auch Johannes wurde von Engeln aufgesucht. Als er von der Insel Patmos aus auf das weite Meer hinausblickte und sich fragte, warum er von der Welt isoliert war, brachte ihm der Engel die Botschaft des Buches der Offenbarung mit seinen Voraussagen für die Endzeit (Offb 1,1-3).

Auch in Daniels Leben hatte ein Engel eine ähnliche Aufgabe. Kapitel 5 beschreibt ein großes Fest, das Belsaza in Babylon anordnete. Rein äußerlich sollte es die Herrlichkeit seines Königreiches demonstrieren, aber in Wirklichkeit ging es Belsaza darum, seine eigene Größe zu feiern. Zu dem Fest waren Tausende aus der führenden Oberschicht seines Königreichs eingeladen. Aber bei diesem Fest entweihten sie die heiligen

Gefäße aus dem Tempel in Jerusalem, indem sie sie zu niederen Zwecken gebrauchten: Sie aßen und tranken daraus und beteten Götter aus Holz, Stein, Silber und Gold an. Der Gott des Materialismus war an der Macht. Plötzlich erschien eines Menschen Hand und schrieb Gottes Gericht über Babylon an die Wand: »Mene mene tekel uparsin ... Man hat dich auf der Waage gewogen und zu leicht befunden ... Dein Reich ist zerteilt« (25-28). Gott hatte einen Engel gesandt, um das bevorstehende Gericht anzukündigen. Nicht nur die Tage des Königs Belsaza waren gezählt, sondern Gott hatte ihn fallengelassen.

Später betete Daniel für das Volk. »Und er (Gabriel) unterwies mich und redete mit mir und sprach: Daniel, jetzt bin ich ausgegangen, um dir zum rechten Verständnis zu verhelfen ... So merke nun auf das Wort, damit du das Gesicht verstehst« (Dan 9,22-23). Als Antwort auf sein Gebet gab Gott dem Daniel eine panoramaartige Sicht der zukünftigen Menschheitsgeschichte. Ich persönlich glaube, daß die Welt heute auf den Höhepunkt dessen zutreibt, was Gott Daniel damals in dieser großartigen Vision offenbarte.

Die Szene, die uns von Belsazas Festmahl geschildert wird, mutet fast zeitgenössisch an. Die Zeit und die Umstände unterscheiden sich kaum von dem, was wir heute erleben. Vielleicht schreibt Gott durch die Krisensituationen der Gegenwart ein neues Gerichtsurteil an die Wand. Er sagt den Menschen, daß ihre Tage gezählt sind, wenn sie nicht Buße tun und sich von ihren Sünden abwenden.

Wir wollen diese Betrachtung des persönlichen Dienstes der Engel mit einigen Ereignissen beschließen, in denen Gott Engel einsetzte, um den Menschen seinen Plan zu offenbaren.

Am Anfang des Neuen Testaments sah der Priester Zacharias den Engel des Herrn und empfing von ihm die Botschaft von der Geburt des Johannes, dem Wegbereiter des verheißenen Messias. Der Engel, ein besonderer Botschafter der Verheißung, ermutigte Zacharias, an die Wunder im Zusammenhang mit der Geburt des Johannes zu glauben.

Später erschien Gabriel der Jungfrau Maria und verkündigte ihr den göttlichen Plan der Fleischwerdung des Sohnes Gottes. Jesus Christus sollte auf wunderbare Weise durch die Kraft des Heiligen Geistes von ihr empfangen werden. Alle Fragen, die Maria hatte, wurden durch das Zeugnis des Engels beantwortet: »Der heilige Geist wird über dich kommen, und die Kraft des Höchsten wird dich überschatten; darum wird auch das Heilige, das geboren wird, Gottes Sohn genannt werden« (Lk 1,35). Gabriel, der besondere Botschafter der Offenbarung, brachte Maria nicht nur diese Botschaft, sondern er oder ein anderer Engel bestätigte Josef darin, Maria als seine Frau anzunehmen: »Denn was sie empfangen hat, das ist von dem heiligen Geist« (Mt 1,20). Er offenbarte Josef auch den Plan Gottes für das Leben Jesu: »Er wird sein Volk retten von ihren Sünden« (Mt 1,21).

Die besonderen Engel der Verkündigung haben die Jahrhunderte überbrückt und die Botschaft von Gottes Willen in Unterdrückung, Entmutigung und Resignation hinein verkündigt. Gottes himmlische Botschafter haben den Geist vieler entmutigter und angefochtener Gläubigen aufgerichtet, haben ihnen Mut gemacht und sie durchgetragen; sie haben manche hoffnungslose Situation verwandelt und einen neuen Ausblick eröffnet. Die Engel Gottes haben immer wieder die physischen, materiellen, seelischen und geistlichen Bedürfnisse der Leute Gottes erfüllt. Ihre Botschaft lautet: »Alles ist in Gottes Hand.« Und die Kinder Gottes konnten bezeugen: »Der Engel des Herrn ist mir erschienen.«

Engel beschützen und befreien uns

Die Feinde Christi, die auch uns unablässig angreifen, könnten oft besser abgewehrt werden, wenn wir die Zusicherung Gottes begreifen würden, daß seine mächtigen Engel immer in unserer Nähe und bereit sind, uns zu helfen. Es ist tragisch, aber die meisten Christen haben diese in der Bibel so oft erwähnte Tatsache nie persönlich akzeptiert. Ich habe bei meinen Reisen aber die Beobachtung gemacht, daß der Glaube an Engel dort stärker wurde, wo ich näher an die äußersten Fronten des christlichen Glaubens kam. Hunderte von Berichten dokumentieren die außergewöhnlichen göttlichen Interventionen in jedem Jahr. Gott setzt auch heute seine Engel als dienstbare Geister ein.

Gottes Engel beschützen seine Diener oft auch vor potentiellen Feinden. Dies wird in 2. König 6,14-17 deutlich. Der König von Syrien hatte seine Armee nach Dotan geschickt, nachdem er erfahren hatte, daß der Prophet Elisa sich dort aufhielt. Als der Diener des Propheten plötzlich die vielen Soldaten sah, rief er entsetzt: »O weh, mein Herr! Was sollen wir nun tun?« (V. 15). Aber Elisa beruhigte ihn: »Fürchte dich nicht, denn derer sind mehr, die bei uns sind, als derer, die bei ihnen sind!« (V. 16). Dann betete Elisa, Gott möge die Augen seines Dieners öffnen, damit er die Heere beschützender Engel sehen könne. »Da öffnete der Herr dem Diener die Augen und er sah, und siehe, da war der Berg voll feuriger Rosse und Wagen um Elisa her« (V. 17). Dieser Schriftabschnitt ist mir immer wieder Trost und Stärkung in meinem Dienst gewesen.

Die Engel helfen auch den Dienern Gottes in Zeiten der Mühsal und Bedrängnis. Ein anderes hervorragendes Beispiel für diese Tatsache finden wir in Apostelgeschichte 27,23-25. Auf seiner Reise nach Rom erlitt Paulus mit über zweihundert anderen Menschen an Bord Schiffbruch. Und Paulus sprach zu den entsetzten und ängstlichen Matrosen: »Diese Nacht trat zu mir der Engel Gottes, dem ich gehöre und dem ich diene, und sprach: Fürchte dich nicht, Paulus, du mußt vor den Kaiser gestellt werden; und siehe, Gott hat dir geschenkt alle, die mit dir fahren« (V. 23-24).

Viele Gläubige sind fest davon überzeugt, daß jedes Kind Gottes seinen eigenen Schutzengel hat. Dieser Schutz beginnt möglicherweise schon in allerfrühester Kindheit, denn Jesus sagt: »Seht zu, daß ihr nicht einen von diesen Kleinen verachtet. Denn ich sage euch: Ihre Engel im Himmel sehen allezeit das Angesicht meines Vaters im Himmel« (Mt 18,10).

Das wesentliche Merkmal der Engel besteht weder darin, daß sie große Macht haben und unser Leben kontrollieren können, noch in ihrer Schönheit, sondern daß sie für uns da sind und uns dienen. Sie werden von einer unerschöpflichen Liebe zu Gott motiviert und sind mit großem Eifer bedacht, daß der Wille Gottes in unserem Leben zum Ziel kommt.

David sagt von den Engeln: »Wer unter dem Schirm des Höchsten sitzt und unter dem Schatten des Allmächtigen bleibt ... Denn er hat seinen Engeln befohlen, daß sie dich behüten auf allen deinen Wegen, daß sie dich auf den Händen tragen und du deinen Fuß nicht an einen Stein stoßest« (Ps 91,1.11.12).

Meine Frau berichtete mir von einem eigenartigen Erlebnis in einer christlichen Buchhandlung in Shanghai. Ihr Vater,

Dr. L. Nelson Bell, der im Krankenhaus von Tsingkiangpu in der Provinz Kiangsu Dienst tat, hatte es ihr persönlich erzählt. In diesem Bücherladen kaufte Dr. Bell damals seine Evangelien und Traktate, die er an seine Patienten weitergab.

Dieses Ereignis trug sich im Jahre 1942 zu, nachdem die Japaner den Krieg gegen China begonnen hatten. Eines Morgens hielt gegen neun Uhr ein japanischer Lastwagen vor dem Bücherladen. Fünf Soldaten standen auf dem halb mit Büchern gefüllten Auto. Der gläubige Bücherverkäufer, der zu der Zeit allein war, erkannte mit Entsetzen, daß die Soldaten den Laden plündern wollten. Der von Natur aus schüchterne junge Mann war wie gelähmt. Das war mehr, als er ertragen konnte.

Die Soldaten sprangen von dem Lastwagen und gingen auf die Tür zu. Aber ehe sie den Laden betreten konnten, ging ein vornehm gekleideter chinesischer Herr vor ihnen durch die Tür. Obwohl der Verkäufer praktisch alle chinesischen Kunden persönlich kannte, war ihm doch dieser Mann völlig fremd. Aus irgendeinem Grund waren die Soldaten offenbar nicht in der Lage, diesem Mann zu folgen, sondern standen herum, sahen sich die vier großen Schaufenster an, gingen aber nicht in den Bücherladen. Zwei Stunden lang warteten sie, bis nach elf Uhr, betraten aber niemals den Laden. Der Fremde fragte den Verkäufer, was die Männer wollten, und der chinesische Buchhändler erklärte, daß die Japaner schon viele Bibliotheken in der Stadt geplündert und sich jetzt wohl diesen Laden vorgenommen hätten. Die beiden beteten miteinander, und der Fremde machte dem jungen Chinesen Mut. So gingen die zwei Stunden vorbei. Schließlich bestiegen die Soldaten ihren Lastwagen und fuhren fort. Auch der Fremde verließ den Laden, ohne etwas zu kaufen und ohne nach einem Buch gefragt zu haben.

Später kam der Eigentümer des Ladens, Mr. Christopher Willis (sein chinesischer Name war Lee), zurück. Der Verkäufer fragte ihn: »Mr. Lee, glauben Sie an Engel?« »Ja«, sagte Mr. Willis. »Ich auch, Mr. Lee.« Könnte der Fremde ein Schutzengel Gottes gewesen sein? Dr. Bell war fest davon überzeugt.

Corrie ten Boom berichtet von einem bemerkenswerten Ereignis in dem furchtbaren Konzentrationslager Ravensbrück: »Zusammen gingen wir in das schreckliche Gebäude. An einem Tisch saßen Frauen, die uns alle unsere Habe wegnahmen. Jeder mußte sich völlig entkleiden und dann in einen Raum gehen, wo das Haar durchsucht wurde. Ich fragte eine Frau, die gerade die Neuzugänge untersuchte, ob ich zur Toilette gehen dürfte. Sie zeigte auf eine Tür, und ich machte die Entdeckung, daß die Toilette aus einem Loch im Fußboden bestand. Betsie war die ganze Zeit nicht von meiner Seite gewichen. Plötzlich hatte ich einen Einfall: ›Schnell, gib mir deine wollene Unterwäsche‹, flüsterte ich ihr zu. Ich rollte sie dann mit meiner zusammen und legte das Bündel mit meiner kleinen Bibel in eine Ecke. Überall wimmelte es von Ungeziefer, aber das machte mir keine Sorgen. Ich war ganz gelöst und glücklich. ›Der Herr antwortet auf unser Gebet, Betsie‹, flüsterte ich. ›Wir werden nicht alle Wäsche abgeben müssen.‹ Wir eilten zurück und stellten uns wieder in der Reihe auf. Nachdem wir dann geduscht und unsere Hemden und schäbigen Kleider angezogen hatten, verbarg ich das Bündel mit Unterwäsche und meiner Bibel unter meinem Kleid. Man konnte die Wölbung deutlich erkennen, aber ich betete: ›Herr, schicke mir jetzt deine Engel und laß sie diesmal nicht unsichtbar sein, denn die Aufseher dürfen mich nicht sehen.‹ Ich war innerlich ganz ruhig. Langsam ging ich an den Aufsehern vorbei. Wir wurden alle genau untersucht, von vorne, von der Seite, von hinten. Nicht die kleinste Unebenheit entging den Augen der Aufseher. Die Frau unmittelbar vor mir hatte eine wollene Weste unter ihrem Kleid verborgen; sie wurde ihr abgenommen. Mich ließen sie weitergehen, denn sie sahen mich nicht. Betsie, die direkt hinter mir ging, wurde durchsucht. Aber draußen wartete eine weitere Gefahr. Rechts und links von der Tür standen Frauen, die noch einmal jeden von uns gründlich in Augenschein nahmen. Sie betasteten jeden, der vorbeiging. Ich wußte, sie würden mich nicht sehen, denn die Engel umgaben mich noch immer. Ich war nicht einmal erstaunt, als sie mich vorbeigehen ließen. In mir stieg ein jubelndes Dankgebet auf: ›O Herr, wenn du so Gebete erhörst, dann kann ich ohne Angst dem Konzentrationslager entgegensehen.‹ «

Unter göttlichem Schutz

Alle gläubigen Christen sollten jetzt ermutigt und gestärkt werden! Engel wachen über uns; sie ebnen unseren Weg. Sie überwachen die Ereignisse unseres Lebens und setzen alles daran, die Interessen Gottes zu wahren, seinen Plan auszuführen und seinen Willen für unser Leben zu verwirklichen. Engel sind interessierte Beobachter und wissen um alles, was wir tun, »denn wir sind ein Schauspiel geworden der Welt und den Engeln und den Menschen« (1. Kor 4,9). Gott befiehlt den Engelmächten, über uns zu wachen.

Hagar, Saras Magd, war von den Zelten Abrahams geflohen. Es ist tragisch, daß Abraham nach seinen wunderbaren Glaubenserfahrungen vor den Vorhaltungen seiner Frau und den Gebräuchen seiner Zeit kapitulierte und Hagar zur Frau nahm. Als dann Jahre später ihr eigener Sohn Isaak geboren wurde, war Sara sehr eifersüchtig und wollte sie beide, Hagar und Ismael, loswerden. So führten Abrahams Begierden zu viel Leid, und er jagte Hagar schließlich fort.

Trotzdem sandte Gott seinen Engel zu Hagar. »Aber der Engel des Herrn fand sie bei einer Wasserquelle in der Wüste, nämlich bei der Quelle am Wege nach Schur« (1. Mose 16,7). Der Engel sprach zu ihr, um ihre verletzte Seele zu trösten und ihr eine Verheißung Gottes zu bringen. Unser Gott ist nicht nur ein Gott Israels, sondern auch ein Gott der Araber (denn die Araber stammen von Ismael ab). Der Name ihres Sohnes Ismael hat die Bedeutung »Gott hört« und war schon von daher ein Trost. Ganz am Anfang der mühsamen Wanderung, die seinen Nachfahren beschieden sein sollte, gab Gott dem Ismael die Verheißung, daß sein Same sehr zahlreich auf Erden sein würde. Der Engel des Herrn offenbarte sich als Beschützer Hagars und Ismaels. Hagar rief voller Ehrfurcht aus: »Du bist ein Gott, der mich sieht« (1. Mose 16,13), oder, wie es besser übersetzt werden könnte: »Ich habe dich gesehen, der du alles siehst, und auch mich nicht aus den Augen verlierst.«

Psalm 34,8 unterstreicht die Tatsache, daß die Engel uns beschützen und befreien: »Der Engel des Herrn lagert sich um die her, die ihn fürchten, und hilft ihnen heraus.«

Die meisten Christen erinnern sich an wunderbare Bewahrungen in besonderen Krisensituationen ihres Lebens: fast wäre das Flugzeug abgestürzt, beinahe hätte es einen schweren Autounfall gegeben, eine besondere Versuchung hätte sie um Haaresbreite zu Fall gebracht. Wenn sie vielleicht auch keine Engel gesehen haben, ihre Gegenwart würde aber erklären, warum das Unheil abgewendet wurde. Wir sollten immer für die Güte Gottes dankbar sein, der diese wunderbaren Freunde, die Engel, gebraucht, um uns zu beschützen. Die Heilige Schrift und auch die persönlichen Erfahrungen unterstreichen, daß persönliche Schutzengel zumindest in besonderen Situationen beschützend und helfend über unserem Leben wachen.

Die Heilige Schrift ist voll von dramatischen Begebenheiten, die von der beschützenden Funktion im Blick auf die Kinder Gottes sprechen. Paulus ermahnt die Christen, die ganze Waffenrüstung Gottes anzulegen, um den feurigen Pfeilen des Bösen zu widerstehen (Eph 6,10-12). Wir stehen nicht in einem Kampf mit Fleisch und Blut (mit physischen Mächten allein), sondern kämpfen gegen geistliche (übermenschliche) Mächte der Bosheit unter dem Himmel. Satan, der mächtige Fürst der Finsternis, ist zwar für »Religion«, diese hat aber nichts mit wahrem Glauben zu tun. Er schickt falsche Propheten. So liegen die Mächte des Lichts und die Mächte der Finsternis miteinander in einem unerbittlichen Kampf. Gott sei Dank für die Engelmächte, die gegen die Werke der Finsternis ankämpfen. Engel kennen in ihrem Dienst keine selbstsüchtigen Motive. Ihr Dienst gilt dem einen Ziel, die Gläubigen zu stärken, damit Gott geehrt wird. Ein klassisches Beispiel der bewahrenden Funktion der Engel finden wir in Apostelgeschichte 12,5-11:

Petrus liegt gebunden im Gefängnis und wartet auf die Hinrichtung. Jakobus, der Bruder des Johannes, war bereits getötet worden, und es gab wenig Hoffnung, daß Petrus dem gleichen Schicksal entgehen könnte. Die Stadtväter wollten denen, die sich gegen das Evangelium und die Werke Gottes stellten, eine Gunst erweisen und darum Petrus umbringen. Gewiß hatten die Gläubigen auch für Jakobus gebetet, aber Gott traf die Entscheidung, ihn durch den Tod zu befreien. Jetzt betete die Gemeinde für Petrus.

Als er schlief, erschien ein Engel, der durch Türen und eiserne Riegel nicht aufgehalten werden konnte. Der Engel kam in die Zelle, weckte Petrus auf und befahl ihm, sich für die Flucht fertig zu machen. Ein Licht erleuchtete das Gefängnis, und die Ketten fielen von Petrus ab. Nachdem er sich angekleidet hatte, folgte er dem Engel nach draußen. Auf übernatürliche Weise öffneten sich die Tore, denn Petrus konnte nicht wie der Engel durch geschlossene Türen gehen. Welch ein mächtiges Werk der Befreiung vollbrachte Gott durch seinen Engel!

Im Alten und im Neuen Testament ereignete es sich immer wieder, daß die Knechte Gottes gefangen genommen wurden und Gott dann entweder direkt oder über seine Engel eingriff. Auch viele Menschen in unseren Tagen, die von Ketten der Depression gebunden sind, können neuen Mut fassen und an Befreiung glauben. Gott hat keine Lieblinge, sondern seine Engel werden allen Erben der Erlösung beistehen. Wenn wir als Söhne Gottes nur erkennten, wie nahe uns seine dienstbaren Engel sind, welche innere Ruhe würde uns das für die Krisensituationen unseres Lebens schenken! Wir glauben zwar nicht in direkter Weise an Engel, aber wir glauben an den Gott, der über die Engel gebietet; so können wir Frieden haben.

In Hebräer 11 werden Männer und Frauen des Glaubens vorgestellt. Für die meisten von ihnen hatte Gott Wunder vollbracht. Sie wurden entweder von einer Krankheit geheilt, aus einer Bedrängnis befreit, vor Unfall oder Tod bewahrt. Dieses Kapitel wurde einmal die »Ruhmeshalle Gottes« genannt. Engel halfen diesen großen Männern und Frauen, Königreiche zu bezwingen, Verheißungen zu empfangen, den Rachen der Löwen zu verschließen, lodernde Feuerflammen zu ersticken, der Schärfe des Schwertes zu entkommen und selbst in Zeiten der Schwachheit mit Hilfe der Engel ganze Armeen zu besiegen.

Dann plötzlich ist in Vers 35 ein ganz neuer Ton zu hören: »Andere aber sind gemartert worden und haben die Freilassung nicht angenommen.« Der Glaube und der Mut dieser Leute war nicht geringer, aber sie mußten das Kreuz der grausamen Verspottungen und die Marter ertragen. Sie wurden gefesselt und in Gefängnisse geworfen. Sie wurden gesteinigt, geviertelt und mit dem Schwert erschlagen. Sie liefen umher, in Ziegenfelle gehüllt, verlassen, bedrängt und gequält. Immer wieder werden sie Gott angerufen haben, seine heiligen Engel zu Hilfe zu schicken. Aber kein Engel befreite sie. Sie litten und duldeten, als ob es keinen Gott gäbe.

Warum? Wir finden einen Hinweis, wenn wir Jesus unmittelbar vor der Kreuzigung beobachten. Er betete: »Mein Vater, ist's möglich, so gehe dieser Kelch an mir vorüber«, aber dann fuhr er fort: »Doch nicht wie ich will, sondern wie du willst!« (Mt 26,39). Leiden und Tod dieser großen Männer des Glaubens lagen auf geheimnisvolle Weise im Plan Gottes. Sein Wille kam im Leben dieser Menschen bis zum letzten Augenblick zum Tragen. Und weil sie dies wußten, litten und starben sie *im Glauben*. Am Ende dieses Kapitels wird darauf hingewiesen, daß die Gläubigen, die keine sichtbare Hilfe als Antwort auf ihre Gebete erfuhren, eine größere Belohnung im Himmel erhalten werden, weil sie im Glauben ausharrten bis ans Ende. Aber nach ihrem Tod erfreuten sie sich der Anwesenheit der Engel, die ihre unsterblichen Seelen zum Thron Gottes geleiteten. Wenn der erste Teil dieses Kapitels »Gottes Ruhmeshalle« genannt wird, sollte der zweite »Gottes Gewinner der Ehrenmedaille« heißen.

Als ich einmal durch eine dunkle Zeit in meinem Leben ging, betete ich immer wieder, aber es gab keine Antwort. Meinem Gefühl nach war Gott gar nicht mehr da, und ich war mit meinen Nöten und Lasten ganz allein. Meine Seele ging durch finsterste Nacht. Ich schrieb damals meiner Mutter über diese Erfahrung und werde ihre Antwort nie vergessen: »Mein Sohn, Gott zieht sich oft zurück, um unseren Glauben zu prüfen. Er möchte, daß du ihm auch in der Dunkelheit vertraust. Mein Sohn, wenn du im Glauben deine Hand im Nebel ausstreckst, wirst du erkennen, daß seine Hand da ist.« Unter Tränen kniete ich nieder und erlebte auf überwältigende Weise die Gegenwart Gottes. Ob wir nun die Gegenwart des Heiligen Geistes oder der heiligen Engel fühlen oder nicht, durch den Glauben wissen wir mit Bestimmtheit, daß Gott uns niemals verlassen wird.

Engel und das Gericht Gottes

Wie die Bibel berichtet, haben die Engel während der ganzen Menschheitsgeschichte das Gericht Gottes zur Ausführung gebracht und das Schicksal der Gott ungehorsamen Völker in Händen gehalten. So benutzte z. B. Gott die Engel, um das Volk Israel wegen seiner Sünde zu zerstreuen. Auch im Gericht über Sodom und Gomorra und schließlich über Babylon und Ninive setzte Gott seine Engel ein. So werden die Engel auch am »Ende der Zeiten« allen denen Gericht bringen, die Gottes Liebe abgewiesen haben.

Der Schreiber des Hebräerbriefes spricht davon, daß Engelmächte das Gericht Gottes ausführen: »Er macht seine Engel zu Winden und seine Diener zu Feuerflammen« (Hebr 1,7). Das Feuer weist darauf hin, wie schrecklich das Gericht Gottes und wie groß die Macht der Engel ist, die Gottes Entscheidungen ausführen. Die Engel führen das Urteil in Übereinstimmung mit Gottes Prinzipien der Gerechtigkeit aus.

Ohne daß es die Menschen merkten, haben die Engel zweifellos in der Vergangenheit geholfen, korrupte Systeme, wie etwa den deutschen Nationalsozialismus, zu zerstören, weil solche Regierungen schließlich einen Punkt erreichten, an dem Gott nicht länger zusehen konnte. Diese gleichen Engel werden auch schreckliche Gerichte in der Zukunft halten, von denen einige im Buch der Offenbarung beschrieben werden.

Aufgrund der von Kindern aufgeführten Krippenspiele haben wir oft eine falsche Vorstellung von den Engeln. Es ist wahr, daß die Engel dienstbare Geister sind, um den Erben der Erlösung beizustehen. Aber sie erfüllen nicht nur den Willen Gottes im Blick auf die Erlösung der Gläubigen, sondern sie sind auch die »Racheengel«, die ihre große Macht im Gericht Gottes offenbaren werden. Gott hat ihnen die Macht gegeben, die Schafe von den Böcken und den Weizen von der Spreu zu trennen, und einer der Engel wird zu Beginn des großen Völkergerichtes den Ton der Trompete erschallen lassen.

Engel warnen vor dem Gericht

Im Falle von Sodom und Gomorra gab es keine Möglichkeit, dem Gericht zu entgehen. Die Bosheit der Menschen hatte überhand genommen. Gott hatte sie gerichtet; sie mußten vernichtet werden. Aber ehe Gott das Gericht schickt, warnt er. In diesem Falle benutzte er Engel, um Abraham auf die bevorstehende Gefahr für Sodom und Gomorra hinzuweisen (1. Mose 18). Abraham, dessen Neffe Lot und seine Familie unter diesen moralisch völlig verdorbenen Menschen wohnte, flehte Gott an, die beiden Städte zu verschonen. Abraham fragte Gott, ob er das Gericht abwenden würde, wenn sich fünfzig gerechte Menschen in Sodom finden ließen. Gott versprach Abraham, die Stadt in diesem Falle nicht zu zerstören. Dann bat Abraham um die Aufhebung des Urteils, falls sich fünfundvierzig gerechte Menschen finden würden. Gott stimmte zu. Dann ging Abraham auf dreißig herunter. Gott war auch damit einverstanden. Dann verringerte Abraham die Zahl auf zwanzig, dann auf zehn. Selbst bei zehn Gerechten wollte Gott die Stadt verschonen. Aber diese zehn Menschen fanden sich nicht. Es fällt uns auf, daß Gott dem Abraham auf jede seiner Anfragen antwortete. Und er hörte erst auf zu antworten, als Abraham sein Bitten einstellte.

Danach gab Gott einem Engel den Befehl, das Gericht auszuführen. Die betreffenden Städte mit allen Einwohnern wurden durch das Feuer vom Himmel vernichtet. Aber vor ihrer Zerstörung besuchten zwei nicht identifizierte himmlische Boten Sodom, um Lot und seine Familie vor dem kommenden Gericht zu warnen. Die Einwohner von Sodom waren so verdorben, daß sie sich an den Engeln vergreifen wollten. Die Engel blendeten sie aber und hielten sie so davon ab, ihr schändliches Vorhaben auszuführen. In seinem Buch *All About Angels* schreibt C. Leslie Miller: »Obwohl Lot, der Neffe Abrahams, sich weit von den heiligen Maßstäben seines Onkels entfernt und die Gesellschaft bösartiger Menschen und materiellen Gewinn gesucht hatte, kamen doch die Engel des Herrn, um sein Leben zu retten und ihn vor den Folgen seiner negativen Entscheidung zu bewahren.«

Hier können wir die Barmherzigkeit, die Gnade und Liebe Gottes gegenüber den Menschen erkennen, die sich zu ihm bekennen und den Versuch unternehmen, auch in widrigen Umständen ein gottesfürchtiges Leben zu führen.

Ein Engel vernichtet die assyrische Armee

In 2. Könige 19 unterstreicht die Heilige Schrift auf dramatische Weise den Einsatz der Engel Gottes im Gericht. Der König Hiskia hatte einen Brief vom Oberkommandierenden der assyrischen Streitkräfte erhalten und suchte sofort Gottes Rat. Gott antwortete durch den Propheten Jesaja, daß nicht ein einziger assyrischer Pfeil in die Stadt geschossen werden würde. Er versprach, um Davids willen Jerusalem zu verteidigen. In dieser Nacht erschlug ein einziger Engel 185 000 Männer im Lager der Assyrer (V. 35).

Jerusalem wird beinahe durch einen Engel zerstört

Nirgendwo im Alten Testament wird die Bedeutung der Engel im Gericht Gottes deutlicher als da, wo David den Befehl Gottes mißachtet und das Volk Israel zählen läßt. Gott schickte die Pest, und 70 000 Israeliter starben. Er sandte auch einen einzelnen Engel, um die Stadt Jerusalem zu zerstören. »David hob seine Augen auf und sah den Engel des Herrn stehen zwischen Himmel und Erde und ein bloßes Schwert in seiner Hand ausgereckt über Jerusalem« (1. Chr 21,16).

Als David um Gnade flehte, wies ihn der Engel an, einen Altar in der Tenne Ornans, des Jebusiters, aufzurichten. Gott nahm das Opfer Davids an und befahl dem Engel: »Es ist genug, laß nun deine Hand ab!« (2. Sam 24,16). Von Bedeutung ist hierbei, daß der gleiche Engel bereits 70 000 Männer geschlagen hatte (1. Chr 21,14). Hieraus wird deutlich, daß Engel Gottes Urteile vollstrecken.

Auch das Neue Testament verzeichnet Ereignisse, wo rächende Engel das ungerechte Handeln von Menschen und Völkern bestraften.

Ein Engel erschlägt Herodes Agrippa

Wir haben schon einmal auf Herodes Bezug genommen. Mit seinen königlichen Kleidern angetan erschien er vor dem Volk und hielt eine Rede. Als er fertig war, riefen die Leute: »Das ist Gottes Stimme und nicht die eines Menschen!« (Apg 12,22). Anstatt dies zurückzuweisen, freute sich Herodes über den Eindruck, den er gemacht hatte. Dieses gotteslästerliche Verhalten hatte furchtbare Folgen für Herodes: »Alsbald schlug ihn der Engel des Herrn, weil er Gott nicht die Ehre gab. Und von Würmern zerfressen, gab er seinen Geist auf« (V. 23).

Ein Engel erschlägt die Erstgeborenen in Ägypten

In einer schicksalhaften Nacht in Ägypten, unmittelbar vor dem Auszug der Kinder Israel, machte sich der Würgeengel Gottes auf, um Tod über das Land zu bringen (2. Mose 12,18-30). Wie groß muß die Sorge in den Herzen der Kinder Israel gewesen sein! Die gläubigen Juden hatten Opfer gebracht und die Türpfosten ihrer Häuser mit Blut besprengt. Als dann Gottes Zeit kam, wurde in jenen fürchterlichen Augenblicken um Mitternacht das Urteil über Ägypten vollstreckt. Der rächende Engel (1. Kor 10,10; Hebr 11,28) führte Gottes Urteil aus und ließ den Tod hinter sich. Der Erstgeborene in jedem ungläubigen ägyptischen und jüdischen Haus starb unter dem Gericht eines heiligen Gottes, der nur vor dem Blut Halt machte.

Durch die Jahrhunderte haben diese wunderbaren Worte Juden und Christen gleichermaßen begleitet: »Wenn ich das Blut sehe, will ich vorübergehen.« Diese Worte sind Tausenden von Rabbinern und christlichen Geistlichen Predigttext gewesen. Nicht das Leben der Menschen in den Häusern zählte. Es war ihr Glaube, der nichts mit ihren Werken zu tun hatte, der sich in der Besprengung mit dem Blut offenbarte. Gott respektierte nur dies eine: das im Glauben versprengte Blut.

Wie schrecklich sind diese mächtigen Engel, wenn sie das Gericht eines allmächtigen Gottes ausführen!

Ein Engel hält Abraham auf

In 1. Mose 22 prüft Gott den Glauben des Abraham. Gott gebot ihm, seinen geliebten »Sohn der Verheißung«, Isaak, zu opfern. Gott sagte: »Abraham ... nimm Isaak, deinen einzigen Sohn, den du liebhast, und gehe hin in das Land Morija und opfere ihn dort zum Brandopfer auf einem Berge, den ich dir sagen werde« (1. Mose 22,1-2). Durch welche Tiefen des Leids mußte Abraham in jener Nacht gegangen sein, als er überdachte, was dieses ungeheure Opfer für ihn bedeutete! Trotzdem war er dem Wort Gottes gehorsam, nahm im festen Glauben an seinen Gott seinen Sohn, Holz und Feuer und machte sich auf den Weg. Die Bibel hat von keiner größeren Glaubenstat zu berichten.

Nachdem Abraham den Altar gebaut hatte, nahm er Isaak, band ihn an Händen und Füßen auf dem Altar fest, zog sein Messer und blickte in vollkommener Unterordnung seines Willens zum Himmel hinauf. Als Abraham das Messer erhob, um es Isaak ins Herz zu stoßen, »rief ihn der Engel des Herrn vom Himmel und sprach: Abraham! Abraham! ... lege deine Hand nicht an den Knaben und tu ihm nichts; denn nun weiß ich, daß du Gott fürchtest und hast deines einzigen Sohnes nicht verschont um meinetwillen« (1. Mose 22,11-12).

Eine zweifache Anrede deutet immer auf eine besonders wichtige Botschaft hin. Als er seinen Namen hörte, antwortete Abraham sofort, und Gott belohnte ihn für seinen bedingungslosen Gehorsam. »Da hob Abraham seine Augen auf und sah einen Widder hinter sich in der Hecke mit seinen Hörnern hängen und ging hin und nahm den Widder und opferte ihn zum Brandopfer *an seines Sohnes Statt*« (1. Mose 22,13).

Viele Bibelkenner glauben mit mir, daß es sich bei dem Engel hier um eine »Theophanie«, eine Erscheinung des Herrn Jesus Christus selbst handelte. Er nahm die Gestalt eines Engels an, und Gott offenbarte das Prinzip der stellvertretenden Versöhnung: Gott hatte von Abraham den Tod seines Sohnes gefordert. Die Forderung des Brandopfers mußte erfüllt werden, und sie wurde erfüllt. Aber Gott akzeptierte durch den Engel das Opfer des Tieres anstelle Isaaks. Dieses Prinzip findet auch im Blick auf uns Anwendung. Das Gericht Gottes fordert unseren Tod, und das Urteil muß ausgeführt werden. Aber Jesus Christus selbst wurde zum stellvertretenden Opfer. Er starb, damit wir nicht sterben müssen. Er nahm unseren Platz ein, und die Worte »an seines Sohnes Statt« können auf jeden Menschen angewandt werden, der Christus sein Vertrauen schenkt. Er starb den Tod aller derer, die an ihn glauben.

Wie konnte Gott ein menschliches Opfer fordern? Wie konnte er von Abraham verlangen, seinen eigenen Sohn zu töten, wo er doch das Töten von Menschen verboten hatte? (1. Mose 9,6). Steht dies nicht im Widerspruch zum Wesen Gottes? Er gibt uns die Antwort auf diese Fragen im Römerbrief: »Der auch seinen eigenen Sohn nicht hat verschont, sondern hat ihn für uns alle dahingegeben, wie sollte er uns mit ihm nicht alles schenken?« (Röm 8,32). Gott konnte von Abraham verlangen, seinen Sohn Isaak zu opfern, weil er selbst bereit war, seinen eigenen Sohn in den Tod zu geben. Er forderte von Abraham nur das, was er selbst zu tun bereit war.

Weder Abraham noch Isaak mußten den bitteren Kelch austrinken. Isaak starb nicht, und Abraham mußte ihn nicht töten. Wenn wir aber den bitteren Kelch im Garten Gethsemane vor Augen haben, sehen wir ein ganz anderes Bild: Jesus kam als der Schuldlose für die Schuldigen, als der Sündlose für die Sünder. War er bereit, das Urteil Gottes für die Schuld der Welt auf sich zu nehmen? Er identifizierte sich mit der Sünde der Welt durch seinen eigenen Tod auf Golgatha.

Weder Menschen noch Engel können je ganz begreifen, was dieser »Leidenskelch« im Garten Gethsemane für Jesus bedeutete, der ihn in schreckliche Leiden, Gottesferne und Tod führte (Mk 14,36; Lk 22,42). Kein Engel konnte ihm beistehen und ihm helfen, als Jesus den Leidenskelch bis zur Neige leerte. Es war ganz allein seine Sache. Er trug das Urteil Gottes als Heiland der Welt. Er, der Gerechte, trug die Schuld der Rechtsbrecher. Die Engel hätten ihm in jener Stunde gerne geholfen — aber Jesus rief nicht um Hilfe. Er lehnte die Hilfe der Engel ab und sagte damit: »Ich will für die Sünden der Menschen sterben, weil ich sie so sehr liebe.« Und in seinem Tod war er von Menschen, von Engeln und von seinem heiligen Vater verlassen, der sich in seiner Heiligkeit von der Sünde abwenden mußte und sich darum auch von seinem leidenden Sohne abwandte. Darum rief Jesus am Kreuz: »Mein Gott, mein Gott, warum hast du mich verlassen?« (Mt 27,46). Er starb ganz alleine.

Wie die Bibel deutlich macht, beauftragt Gott seine Engel damit, sein Urteil gegen die zu vollstrecken, die Jesus bewußt ablehnen und damit die Erlösung Gottes nicht wollen. Ihrem

Wesen und ihrem Wandel nach sind zwar alle Menschen Sünder, aber ihre bewußte Ablehnung Jesu Christi als Heiland und Herr bringt das Urteil der ewigen Trennung von Gott über sie.

Gott hat die Engel dazu bestimmt, am Ende der Zeit die Schafe von den Böcken, den Weizen von der Spreu und die Geretteten von den Verlorenen zu trennen. Es ist uns nicht befohlen, den Engeln zu gehorchen. Aber wir sollen das Wort Gottes beachten und ihm gehorchen und der Stimme Gottes, die uns aufruft, uns durch den Glauben an Jesus Christus versöhnen zu lassen. Wenn wir das ablehnen, müssen wir die Strafe für unvergebene Sünde auf uns nehmen — und die Engel werden diese Strafe ausführen. Sie »werden sie in den Feuerofen werfen« (Mt 13,50). Ich bin immer wieder verwundert, daß Gottes Anordnungen und Warnungen in unserer modernen Welt derartig auf die leichte Schulter genommen werden — sogar unter Christen.

Engel und das ewige Leben

Jedem Sohn Adams sind zwei Lebenswege zur Wahl vorgelegt: Einer führt zum ewigen Leben, der andere zum ewigen Tod. Wir haben gesehen, daß die Engel das Urteil an denen vollstrecken, die Jesus ablehnen. Die Engel stoßen sie in den Feuerofen. Aber es gibt noch ein anderes Gericht: Das gute und wunderbare Gericht zum ewigen Leben. Und auch darin haben die Engel eine von Gott zugeordnete Aufgabe zu erfüllen. Er beauftragt sie, alle Gläubigen zum Himmel zu begleiten und ihnen in der Gegenwart Gottes einen königlichen Empfang zu bereiten. Jeder von uns, der an Christus glaubt, wird Zeuge der jubelnden Engelheere um den Thron Gottes sein.

In dem Gleichnis vom reichen Mann und armen Lazarus (Lk 16) erzählt Jesus von einem Bettler, der im Glauben starb. Er hatte nie weltliche Güter besessen, war aber reich an Glauben, der für die Ewigkeit Bedeutung hat. Als er starb, »ward er getragen von den Engeln in Abrahams Schoß«. Sein unsterblicher Geist wurde von einer Ehrengarde der Engel in die Herrlichkeit Gottes geleitet, wo er sich in Ewigkeit der Gegenwart Gottes erfreuen darf — das nennt die Bibel »Himmel«.

Von dem Märtyrer Stephanus wird uns etwas Ähnliches berichtet (Apg 6,8 - 7,59). »Und alle, die im Rat saßen, blickten auf ihn und sahen sein Angesicht wie eines Engels Angesicht« (Apg 6,15). Dann erklärte Stephanus in einer vollmächtigen Predigt: »Ihr habt das Gesetz empfangen durch Weisung von Engeln und habt's nicht gehalten« (Apg 7,53). Als Stephanus seine Rede beendet hatte, sah er die Herrlichkeit Gottes und Jesus zur Rechten des Vaters. Dann steinigten ihn seine Feinde zu Tode, und er wurde in die Ewigkeit aufgenommen. Wie die Engel den Lazarus in die Gegenwart Gottes begleiteten, so können wir es auch von Stephanus annehmen. Und so werden sie auch uns begleiten, wenn wir durch den Tod in die Gegenwart Christi gerufen werden. Wir können uns gut vorstellen, mit welcher Freude und mit welchem Jubel Stephanus als der erste Märtyrer der Christenheit empfangen und mit einer Märtyrerkrone belohnt wurde.

Engel und das Evangelium

Gott hat zwar die Engel dazu ausersehen, besondere Ankündigungen für ihn zu übernehmen, ihnen aber nicht das Vorrecht eingeräumt, die Botschaft des Evangeliums selbst zu verkündigen. Die Schrift sagt uns nicht, warum dies so ist. Vielleicht könnten Geistwesen, die niemals die Erfahrung einer Trennung von Gott wegen der Sünde gemacht haben, das Evangelium nicht in rechter Weise verdeutlichen.

Das Herz des Menschen hat sich nie verändert. Was auch seine Hautfarbe, der kulturelle oder ethische Hintergrund sein mag, er braucht das Evangelium von Christus. Aber wen hat Gott berufen, den gefallenen Menschen das Evangelium zu bringen? Die gefallenen Engel können es nicht tun; sie können ja nicht einmal aus der eigenen Sünde erlöst werden. Aber auch die heiligen Engel können das Evangelium nicht verkündigen. Wahrscheinlich fehlt ihnen dazu die persönliche Beziehung zu diesem Evangelium. In ihrer Reinheit haben sie die Wirkung der Sünde nie erfahren und können darum auch nicht wissen, was Verlorenheit bedeutet.

Darum hat Gott der Gemeinde den Auftrag gegeben, das Evangelium zu verkündigen. Diese große Aufgabe ist den Gläubigen vorbehalten. Gott hat keine anderen Möglichkeiten. Nur der Mensch kann zu anderen Menschen von der Erfahrung der Erlösung sprechen.

Aber Gott hat den Engeln befohlen, den Verkündigern des Evangeliums beizustehen. Dieser Beistand schließt Wunder und stärkende Zeichen mit ein. Missionare im 18. und 19. Jahrhundert haben von vielen wunderbaren Ereignissen berichtet, wie Engel ihnen in der Verkündigung beistanden. Meine Frau, deren Eltern Missionare in China waren, kann sich an viele Begebenheiten erinnern, die deutlich machen, daß Engel den Dienst ihres Vaters und anderer Missionare unterstützten.

Jedenfalls haben wir als Gläubige das Vorrecht, den Menschen eine Botschaft von Gott im Himmel zu überbringen, eine Botschaft, die Engel nicht weitergeben können. Das ist ein ungeheurer Gedanke! Es gibt eine Geschichte, in der Gott die Frage gestellt wird: »Gesetzt den Fall, die Menschen versagen bei ihrem Auftrag, das Evangelium zu verkündigen. Welche anderen Pläne hast du für diesen Fall?« — »Ich habe keine anderen Pläne«, sagt Gott.

Kein Engel kann Evangelist sein. Kein Engel kann Pastor einer Gemeinde sein, obwohl die Engel über den Gemeinden wachen. Kein Engel kann Seelsorger sein. Engel können sich nicht der Gemeinschaft des Sohnes erfreuen, können nicht am göttlichen Leben teilhaben und Miterben Jesu werden. Uns aber ist ein im ganzen Universum einzigartiges und königliches Priestertum aufgetragen, und wir haben Vorrechte, von denen selbst die Engel nichts wissen.

Der Engel und Zacharias

Die Geburt Johannes des Täufers ist auf dynamische Weise mit dem Evangelium verbunden. Seine Eltern, Zacharias und Elisabeth, waren beide alt. Elisabeth konnte nach menschlichem Ermessen keine Kinder mehr haben. Sie und ihr Mann waren Nachkommen Aarons und standen damit in der Linie der Priester. Beide führten ein untadeliges Leben vor Gott dem Herrn und hielten seine Gebote. Sie sind ein Beispiel dafür, was Gott durch gottesfürchtige Eltern tun kann. Wir begegnen nicht selten der Tatsache, daß sich die gesegnetsten Diener des Herrn eines gottesfürchtigen Elternhauses erfreuten. John und Charles Wesley, die Gründer der Methodistenkirche, kamen aus einem gläubigen Elternhaus und wurden von ihrer Mutter entscheidend geprägt. Adoniram Judson, der große Indienmissionar, kam aus einem Pfarrhaus. Jonathan Edwards, Pastor, Evangelist und Pädagoge im frühen Amerika, hatte gläubige Vorfahren.

Als der Engel dem Zacharias erschien, um die gute Nachricht zu bringen, daß Elisabeth trotz ihres Alters einen Sohn haben würde, waren seine Worte ein Teil des Evangeliums. Er sagte den Dienst Johannes voraus: »Und er wird vom Volk Israel viele zu dem Herrn, ihrem Gott, bekehren« (Lk 1,16). Wir dürfen also bei niemandem die Erlösung voraussetzen, auch dann nicht, wenn die betreffende Person aus einem gläubigen Elternhaus kommt und in einer lebendigen Gemeinschaft aufgewachsen ist. Darüber hinaus war es die Aufgabe des Johannes, »zuzurichten dem Herrn ein Volk, das wohl vorbereitet ist« (V. 17).

Wie bedeutsam die Botschaft der Engel war und wie ernst Zacharias sie nahm, kann aus den Ereignissen abgelesen werden, die sich einige Monate später zutrugen. Nach der Erscheinung des Engels verlor Zacharias seine Sprache, die er erst bei der Geburt des Johannes wiederfand. Aber dann wurde die Zunge gelöst, und er wurde mit dem Heiligen Geist erfüllt. Seine Gedanken — die sich während der langen Monate des Wartens auf den Sohn aufgestaut hatten — machten sich nun in seinen ersten Worten Bahn: »Gelobt sei der Herr, der Gott Israels! Denn er hat besucht und erlöst sein Volk und hat uns aufgerichtet eine Macht des Heils im Hause seines Dieners David« (Lk 1,68.69). Wenig später fügte er hinzu: »Und du, Kindlein, wirst ein Prophet des Höchsten heißen. Denn du wirst ... Erkenntnis des Heils seinem Volk geben in der Vergebung ihrer Sünden, durch die herzliche Barmherzigkeit unsres Gottes, durch welche uns besuchen wird das aufgehende Licht aus der Höhe, damit es erscheine denen, die sitzen in der Finsternis und Schatten des Todes, und richte unsere Füße auf den Weg des Friedens« (Lk 1,76-79).

Das war in der Tat eine Botschaft! Und dies alles erwuchs aus der Erscheinung des Engels, der Zacharias vom Plan Gottes für Johannes erzählte. Aber der Engel kam nicht nur um die Geburt des Johannes anzukündigen, sondern er machte gleichzeitig deutlich, daß Johannes der Vorläufer des Messias sei und dem Volk Israel die Botschaft von der Erlösung und von der Vergebung der Sünden bringen würde.

Der Engel und die frohe Botschaft von der Geburt Jesu

Es war kein gewöhnlicher Engel, der Maria verkündigte, daß sie auserwählt war, die Mutter Jesu zu sein. Es war Gabriel, einer der drei Engel, die namentlich in der Heiligen Schrift erwähnt werden. Auch diese Ankündigung war mit dem Evangelium verbunden. Dies trifft sowohl auf die Worte Gabriels als auch auf die Worte Marias zu, die sie in Erwartung ihres Kindes sprach. Der Engel hatte zu Maria gesagt, daß Jesus ein Sohn des Allerhöchsten genannt würde, daß er den Thron seines Vaters David erben und ewig über das Haus Jakobs mit einem unvergänglichen Königreich regieren würde. Diese Ankündigung unterschied sich ganz erheblich von allen anderen Verheißungen in der Heiligen Schrift. Weder Abraham noch David oder Salomo hatten ähnliches vernommen. Nur der Name Jesu ist mit diesen Verheißungen verknüpft. Und diese Verheißungen wiederum sind untrennbar verknüpft mit persönlicher Erlösung und der Erlösung des Volkes.

Nachdem Maria schwanger geworden war, besuchte sie Elisabeth und sang eines der wunderbarsten Lieder der Weltliteratur. Sie sprach darin von der Erlösung und von der Vergebung der Sünden: »Mein Geist freut sich Gottes, meines Heilandes« (Lk 1,47). Maria hatte die Botschaft des Engels verstanden und sie selbst brauchte einen Heiland und hatte ihn gefunden. Das Kind, das sie jetzt noch unter ihrem Herzen trug, würde eines Tages sie und alle Menschen versöhnen. Und dieses Kind war der allmächtige Gott, der sich selbst herabgelassen hatte, um im Fleisch unter uns zu wohnen.

Sie rief aus: »Seine Barmherzigkeit währet von Geschlecht zu Geschlecht bei denen, die ihn fürchten« (V. 50). Was ist dies anderes als das wunderbare Evangelium, daß Gott in Christus war und die Welt mit sich selbst versöhnte? Und dies war die Botschaft, die Gabriel Maria brachte. Er konnte nicht selbst das Evangelium verkündigen, aber er konnte das Evangelium, das von Jesus Christus und seinen Jüngern durch die Jahrhunderte hindurch verkündigt werden würde, bezeugen.

Die Engel, das Evangelium und Josef

Josef, Marias Mann, war in einer — menschlich gesprochen — schrecklichen Situation. Er war rechtmäßig mit einem Mädchen verlobt, das schwanger war. Er wußte, daß er nicht der Vater des Kindes war, denn sie hatten den Vollzug der Ehe nicht vorweggenommen. Nach jüdischem Recht war Maria der Hurerei schuldig, wenn Josef nicht bereit war zu glauben, daß der Heilige Geist über sie gekommen war und sie niemals sexuelle Verbindung mit einem Mann gehabt hatte. Weil er unschuldig war, wollte Josef der Sitte seiner Zeit entsprechend Maria verlassen. Die Schrift sagt: »Als er das noch bedachte« (Mt 1,20), erschien ihm ein Engel im Traum, erklärte ihm die Zusammenhänge, sprach von der Inkarnation und der Aufgabe Marias. Und Josef glaubte dem Engel. Aber die Ankündigung beinhaltete mehr als die schlichte Tatsache, daß Maria unschuldig und Josef Gottes auserwähltes Gefäß war, ihr in dieser außergewöhnlichen Situation Schutz zu sein.

Der Engel bezeugte Josef auch das Evangelium. Obwohl der Engel das Evangelium nicht direkt verkündigen konnte, kam er doch auf den Kern der Sache zu sprechen: »Er wird sein Volk retten von ihren Sünden« (Mt 1,21). Hier haben wir das Evangelium in seiner ganzen Schönheit, Einfachheit und Reinheit. Nach dem Zeugnis des Engels können Sünden vergeben werden. Es gibt einen, der Sünden vergeben kann. Dieser eine ist Jesus Christus. Der Heiland hat sich ein Volk auserwählt, um das er sich kümmert und dem er garantiert, daß seine Sünden vergeben werden. Mitten im Wunder der Inkarnation sollten wir eines nicht übersehen: der Engel bezeugte hier das Evangelium. Jesus kam nicht nur als Gott, er kam als Retter, als Heiland, um die Menschen mit seinem Vater zu versöhnen und ihnen ewiges Leben zuzusichern.

Gabriel, das Evangelium und Daniel

Lange vor der Zeit des Zacharias, der Elisabeth, der Maria, des Josef und des Johannes hatte der Engel Gabriel bereits Daniel das Evangelium bezeugt. Dies war in Verbindung mit der Weissagung von den siebzig Wochen geschehen. Daniel betete und bekannte seine und seines Volkes Sünde vor dem Herrn. Während er betete, erschien ihm Gabriel. Uns fällt wieder auf, daß Gabriel nicht in direkter Weise das Evangelium verkündigte, sondern es auf lebendige Weise bezeugte. Er sagte: »Siebzig Wochen sind verhängt über dein Volk und über deine heilige Stadt, dann wird dem Frevel ein Ende gemacht und die Sünde abgetan und die Schuld gesühnt und es wird ewige Gerechtigkeit gebracht« (Dan 9,24). Dann sagte er voraus, daß »der Gesalbte ausgerottet werden« (V. 26) würde, ein Ereignis, von dem Jesaja 53 auf dramatische Weise spricht.

Für die Juden war es schwer, sich einen leidenden Messias vorzustellen. Sie sahen ihn als einen, der in Macht und Herrlichkeit kommen würde, um die Feinde zu besiegen und über sie zu herrschen. Aber Gabriel machte Daniel deutlich, daß die Sünde eine schreckliche Wirklichkeit ist und bezahlt werden muß. Der Messias würde dies tun, indem er »ausgerottet« wird — er würde für die Sünden der Menschen sterben. Dann wäre die Macht der Sünde, die uns von Gott trennt, gebrochen, und die

Menschen wieder mit Gott versöhnt. Daniel konnte zwar nicht das Evangelium predigen, aber er konnte weissagen! Und wie wunderbar fügen sich die Weissagungen des Alten Testamentes in die Erfüllung des Neuen Testamentes ein. Wie freundlich handelte Gott, als er seine Engel sandte und sie immer wieder deutlich machen ließ, daß es ihre Aufgabe ist, das Evangelium zu bezeugen.

Die Engel, das Evangelium und die Hirten

Ist es nicht ein Geheimnis, daß Gott die Botschaft von der Geburt Jesu zunächst ganz einfachen Menschen und nicht Fürsten und Königen bringen ließ? In diesem Fall sprach Gott durch seine heiligen Engel zu den Hirten, die ihre Schafe auf den Feldern hüteten. Hirten waren eine verachtete Berufsgruppe und verfügten über keine besondere Bildung. Aber Maria erzählt uns in ihrem Lied, dem Magnifikat, wie Gott die Sache sieht: »Er stößt die Gewaltigen vom Thron und erhebt die Niedrigen. Die Hungrigen füllt er mit Gütern und läßt die Reichen leer ausgehen« (Lk 1,52-53). Welch ein Wort an unsere Generation!

Was war die Botschaft des Engels an die Hirten? Zunächst sagte er, sie sollten sich nicht fürchten. Immer wieder hat die Gegenwart der Engel bei den Menschen Entsetzen und Angst verbreitet. Aber wenn sie nicht zum Gericht kamen, brachten die Engel immer eine Botschaft des Trostes. Sie beruhigten die Menschen, zu denen sie kamen. Hier sehen wir, wie ehrfurchtgebietend die Erscheinung der Engel ist, daß sie Angst in den Herzen der Menschen aufsteigen läßt. Sie vertreten eine gewaltige Gegenwart, die Menschenherzen erzittern läßt. Aber als der Engel die Furcht der Hirten vertrieben hatte, brachte er ihnen seine Botschaft, eine Botschaft, die immer mit dem Evangelium verbunden bleiben wird:

»Siehe, ich verkündige euch große Freude, die allem Volk widerfahren wird; denn euch ist heute der Heiland geboren, welcher ist Christus, der Herr, in der Stadt Davids« (Lk 2,10-11). Diese wenigen Worte können kaum ausgeschöpft werden, weil sie so viele wesentliche theologischen Themen ansprechen. Aber es fällt uns wieder auf, daß der Engel nicht das Evangelium verkündigt. Er bezeugt es auch hier und demonstriert noch einmal, welch großes Interesse die Engel am Evangelium haben.

Was sagte der Engel? Er brachte eine gute Nachricht — keine schlechte. Die schlechten Nachrichten waren den Hirten bereits bekannt — die Menschen hatten gesündigt und waren verloren. Aber nun war der Engel gekommen, um ihnen zu sagen, daß Gott sich der verlorenen Menschen annehmen wollte. Und er wies darauf hin, daß die Frohe Botschaft nicht nur für die Menschen eines Volkes, sondern für die ganze Welt bestimmt war. Jesaja sagt: »Der Heilige Israels, der aller Welt Gott genannt wird« (Jes 54,5). Jona lernte dieselbe Lektion, als er nach Ninive geschickt wurde, um die Menschen zur Buße zu rufen.

Die Frohe Botschaft bestand darin, daß der Heiland geboren war. Sie brauchten jemanden, der sie zurückbringen konnte in die Gemeinschaft mit Gott, denn das Blut der Tiere konnte dies nicht ein für allemal leisten. Aber das Blut des Heilandes würde ausreichen. Die Botschaft des Engels lautete: Gott ist gekommen und hat das Heil gebracht. Welch eine Bezeugung des Evangeliums! Und die Bedeutung dieses Zeugnisses wurde noch unterstrichen durch die Heerscharen von Engeln, die in den großen Chor einstimmten: »Ehre sei Gott in der Höhe und Frieden auf Erden bei den Menschen seines Wohlgefallens« (Lk 2,14). Gibt es einen überwältigenderen Chor? Könnte ein Liederdichter etwas schreiben, das diesen Worten vergleichbar wäre?

Die Engel und das Evangelium in der Apostelgeschichte

Zwei Begebenheiten sind fast »Fallstudien« zu nennen, die uns die Besorgnis der Engel zeigen, daß die Ungläubigen das Evangelium hören, darauf reagieren und errettet werden. Sie zeigen wieder das Engagement der Engel auf, wo es um das Evangelium und Möglichkeiten seiner Bezeugung geht.

Der erste Fall betrifft den äthiopischen Edelmann, einen Beamten in bedeutungsvoller Stellung. Als er im Alten Testament las, kam er zum Buch Jesaja, konnte die Worte des Propheten aber nicht verstehen und brauchte jemanden, der ihm die Schrift auslegte. Ein Engel wußte um diese Situation. Aber der Engel konnte und wollte dem Äthiopier nicht direkt zur Hilfe kommen. Er konnte das Evangelium nicht verkündigen. Aber er konnte dem Äthiopier helfen, indem er ihm jemanden schickte.

Dann berichtet uns die Schrift, daß der Engel zu Philippus sprach und ihm die Anweisung gab: »Steh auf und geh nach Süden auf die Straße, die von Jerusalem nach Gaza hinabführt und öde ist« (Apg 8,26). Philippus gehorchte dem Engel und näherte sich dem Wagen. Dann legte er dem Äthiopier die Schrift aus und führte ihn in seiner Erkenntnis so weit, daß er Jesus Christus annehmen konnte. Nachdem Philippus den

Äthiopier getauft hatte, nahm ihn der Geist des Herrn von dort weg. Und der Äthiopier ging fröhlich seines Weges. Wäre der Engel nicht an der Verkündigung des Evangeliums interessiert gewesen, hätte er nicht Philippus geschickt, um einem suchenden Menschen die Botschaft von Jesus zu verkündigen.

Der zweite Fall beschreibt die Bekehrung des Kornelius unter Mithilfe von Petrus. Hier ist die Situation genau umgekehrt. Dem Philippus hatte der Engel gesagt, was er tun sollte, damit der Äthiopier gerettet würde. In diesem Fall wandte er sich nicht an Petrus, sondern befahl Kornelius, Petrus rufen zu lassen, der ihm dann das Evangelium verkündigen sollte. Wäre es nicht viel leichter für den Engel gewesen, Kornelius das Evangelium selbst zu verkündigen? Zudem war Petrus nicht einmal bereit, diesen Dienst zu tun. Er lebte noch in der Vorstellung, daß das Evangelium nicht für die Heiden bestimmt sei. Kornelius aber gehorchte dem Wort des Engels und ließ Petrus holen. Um Petrus zu überzeugen, mußte ihm Gott in einem Traum erscheinen und ihn beauftragen, einem Heiden die Frohe Botschaft zu bringen. Schließlich begriff Petrus, und Kornelius wurde auf wunderbare Weise errettet. Den Anstoß dazu hatte ein Engel gegeben, dem die Sache des Evangeliums und die Erlösung des römischen Soldaten am Herzen lag.

Eine andere, kürzere Geschichte in der Apostelgeschichte unterscheidet sich zwar von diesen Berichten, verdient aber auch unsere Beachtung: Wir sehen Paulus auf dem Wege nach Rom. Er hatte Schiffbruch erlitten und es sah ganz so aus, als würde das Schiff mit allen Menschen darauf untergehen. Da erschien Paulus in der Nacht ein Engel. Der sagte Paulus, daß alle Menschen an Bord gerettet würden. Dann fügte er etwas hinzu, das ein Licht auf das Interesse der Engel am Evangelium und am Zeugnis der Christen den Ungläubigen gegenüber wirft: »Fürchte dich nicht, Paulus, du mußt vor den Kaiser gestellt werden« (Apg 27,24). Hier sehen wir das gleiche Prinzip; der Engel konnte dem Kaiser die Botschaft nicht sagen, aber Paulus konnte dies tun. Wenn Paulus noch Zweifel über die Wegführung Gottes gehabt hatte, dann war jetzt alles klar. Gott wollte, daß der Kaiser das Evangelium hörte. Und durch die Überbringung der Botschaft offenbarte der Engel sein eigenes Interesse an der Sache des Evangeliums.

Die Stimmen der Engel

Den Grundakkord der Evangelisation bilden die Worte der bereits erwähnten himmlischen Proklamation: »Euch ist heute der Heiland geboren, welcher ist Christus, der Herr.« Und die Aufgabe der Weltevangelisation wird von Männern und Frauen ausgeführt werden, die der Heilige Geist gebraucht. Aber wo und wann immer wir die umgestaltende Kraft des Evangeliums erleben, besteht die Möglichkeit, daß auch Engel damit zu tun haben. Hier rühren wir an ein Geheimnis, das wir erst in der Ewigkeit ganz verstehen werden.

Es ist nicht unvernünftig, die Frage zu stellen: »Woran kann man die Stimme eines Engels erkennen?« Oder: »Was haben sie gesagt, als sie sprachen?« Engel scheinen meist bündige Befehle zu erteilen. Sehr oft treiben sie zur Eile an, und dies ist verständlich, weil es sich ja um Weisungen Gottes handelte. Dr. Miller stellte fest, die meisten Befehle der Engel würden durch den Aufruf »Beeile dich!«« gekennzeichnet werden. Die Worte »Steh auf!« wurden manchmal wörtlich gebraucht. Zu Petrus sagte der Engel: »Steh eilend auf!« und zu Gideon: »Steh auf und geh in die Macht deiner Stärke.« Der Engel sagte zu Josef: »Geh schnell«, und zu Philippus: »Steh auf und geh.«

So hat auch der Dienst jedes Evangelisten diesen Ton der Dringlichkeit. Wir haben keine Zeit zu verlieren, weil wir den vergangenen Augenblick nicht wieder zurückholen können. Wenn wir die erste Chance zum Zeugnis versäumen, gibt es vielleicht nie wieder eine andere.

Am Beispiel der sinkenden *Titanic* kann dies verdeutlicht werden. Das damals größte Schiff rammte in der Nacht des 14. April 1912 bei 22 Knoten Fahrt einen Eisberg. Weil sich nur halb so viele Schwimmwesten wie Passagiere an Bord befanden, ertranken in jener Nacht 1513 Menschen. Einer der Passagiere, John Harper, war auf seinem Weg nach Chicago, wo er in der Moody-Kirche predigen sollte. Als er sich über Wasser zu halten versuchte, wurde er auf einen jungen Mann zugetrieben, der sich an einer Planke festklammerte. Harper fragte: »Junger Mann, sind Sie gerettet?« Der Mann antwortete: »Nein.« Dann wurden sie von einer hohen Welle getrennt. Nach einigen Minuten waren sie wieder so nahe beieinander, daß sie sich verständigen konnten. Und wieder rief John Harper: »Haben Sie Frieden mit Gott gemacht?« Der Mann rief zurück: »Noch nicht!« Dann überrollte eine Welle John Harper, und er wurde nie wieder gesehen. Aber die Worte: »Sind Sie gerettet?« hallten wider in den Ohren des jungen Mannes.

Zwei Wochen später stand ein junger Mann in einer Jugendveranstaltung in New York auf, erzählte seine Geschichte und sagte: »Ich bin der letzte Mensch, den John Harper zu Jesus führte.«

Der Dienst der Engel im Leben Jesu

Wenn wir dem Dienst der Engel im Leben Jesu in allen Einzelheiten nachgehen wollten, müßte eigens ein Buch zu diesem Thema geschrieben werden. Bevor Jesus auf diese Erde kam, führten die Engel seine Befehle aus. Und seit er in den Himmel aufgefahren ist, beteten sie ihn vor dem Thron Gottes als das Lamm an, das um der Erlösung willen erwürgt wurde.

Um die Geburt Jesu vorzubereiten, erschien Zacharias ein Engel, um ihm zu sagen, daß seine Frau die Mutter Johannes des Täufers werden würde (Lk 1,13). Gabriel, einer der mächtigen Engel Gottes, verkündigte Maria, daß sie den Messias gebären würde. Ein Engel und Heerscharen von Engeln brachten die Frohe Botschaft vom Kommen Jesu zu den Hirten auf dem Feld (Lk 2,9). Diese Dienste der Engel gingen seiner Geburt voraus oder begleiteten das Ereignis seiner Geburt. Als dann Jesus seinen öffentlichen Dienst aufnahm, waren die Engel ganz wesentlich mit seinem Tun verbunden.

Die wahrscheinlich schwierigste Situation im Leben Jesu vor seiner Kreuzigung war die Versuchung durch den Teufel in der Wüste. Nachdem er vierzig Tage und Nächte lang gefastet hatte, wollte Satan ihn überwältigen. Satan nutzte die Schwäche des Körpers aus und sah darin die beste Möglichkeit seit seinem Sieg im Garten Eden, den Heilsplan Gottes zu Fall zu bringen.

Er war darauf aus, die Hoffnung der Menschheit zunichte zu machen. Weil er die Erlösung der Sünder verhindern wollte, griff er Christus im Augenblick größter physischer Schwachheit an, die ihn für die Versuchung empfänglich machen sollte. Satan richtet seinen Angriff immer auf den schwächsten Punkt seines Opfers. Er weiß, wo die Achillesferse ist, und auch der richtige Zeitpunkt ist ihm bekannt.

Dreimal versuchte Satan, Jesus zu besiegen. Dreimal zitierte Jesus Worte der Heiligen Schrift und besiegte damit Satan. Dann berichtet die Bibel, daß der Teufel eine Zeitlang von ihm wich (Lk 4,13). Erst danach kamen die Engel, um Jesus zu dienen. Sie halfen ihm nicht im Widerstand gegen Satan, wie sie uns helfen, sondern erst, nachdem der Kampf gewonnen war. Die Engel »dienten« Jesus. Das griechische Wort »diakoneo« bringt das gut zum Ausdruck, denn sie dienten ihm, wie es ein Diakon getan hätte. »Und siehe, da traten Engel zu ihm und dienten ihm« (Mt 4,11). Engelboten unterstützen und stärkten ihn in dieser schweren Stunde. Von dem Moment an konnte unser Herr Jesus Christus, der in allen Punkten genauso wie wir versucht wurde, die Gläubigen der kommenden Jahrhunderte verstehen und ihnen helfen, den Sieg in der Stunde der Versuchung zu erringen.

Der Engel bei Jesus im Garten Gethsemane

In der Nacht vor seiner Kreuzigung war Jesus im Garten Gethsemane. Nur kurze Zeit später wurde er von den Soldaten aufgegriffen, von Judas verraten, vor die Obersten geschleppt, geschlagen und schließlich gekreuzigt. Ehe er ans Kreuz gehängt wurde, ging er durch eine schreckliche Leidensstunde im Garten Gethsemane, die seinen Schweiß wie Blutstropfen erscheinen ließ. In dieser Situation brauchte der Menschensohn die innere Kraft, um das durchzustehen, was niemand im Himmel und auf Erden oder in der Hölle je erfahren hatte oder erleben wird. Ja, er sollte das auf sich nehmen, was kein Geschöpf hätte tragen können. Er war bereit, die Sünden der ganzen Menschheit auf sich zu nehmen. Er wollte sich selbst zur Sünde machen.

Jesus hatte Petrus, Jakobus und Johannes mit in den Garten genommen. Sie hätten ihn ermutigen können, schliefen aber ein. Der Menschensohn war ganz allein. Er betete: »Vater, willst du, so nimm diesen Kelch von mir; doch nicht mein, sondern dein Wille geschehe!« (Lk 22,42). Dann, in diesem kritischsten aller Augenblicke, kam ein Engel und »stärkte ihn«. Das griechische Wort für »stärken« ist »eniskuo« und bedeutet »innere Stärke verleihen«. Als die Jünger Jesu versagten und ihn in seiner Leidensstunde allein ließen, kam der Engel, um ihm zu helfen.

Engel warten am Kreuz

Die Tragödie der Sünde erreichte ihren Höhepunkt, als Gott in Christus zur Sünde wurde. Jesus gab sich selbst als Opfer, das Gottes Gerechtigkeit zur Erlösung forderte. In diesem Augenblick war auch Satan zur Stelle, um seinen tödlichen Streich zu führen. Wenn es ihm gelingen würde, Christus vom Kreuz herunterzuholen, oder wenn Christus durch den Spott der Menge Scham oder Ärger empfinden sollte, dann wäre der Heilsplan Gottes gefährdet. Immer wieder rief die Menge: »Bist du Gottes Sohn, so steig herab vom Kreuz!« (Mt 27,40). Jesus wußte, daß er die Macht hatte, das Kreuz zu verlassen. Er wußte, daß mehr als zwölf Legionen Engel bereitstanden, um ihm mit gezogenem Schwert beizustehen.

Aber er blieb am Kreuz, um das Werk unserer Erlösung zu vollenden. Die Engel wären gekommen, um den König der Könige zu befreien. Aber aus Liebe zu uns Menschen und weil er wußte, daß die Erlösung nur durch seinen Tod geschehen konnte, lehnte er ihre Hilfe ab. Die Engel hatten den Befehl, in dieser schrecklichen und heiligen Stunde nicht einzugreifen. Selbst die Engel konnten dem Sohn Gottes auf Golgatha nicht dienen. Er starb ganz allein, um unsere Todesstrafe zu erdulden.

Wir können die Tiefe der Sünde nie ausloten oder ermessen, wie schrecklich die Sünde der Menschen ist, bis wir zum Kreuz gehen und begreifen, daß es die »Sünde« war, die den Sohn Gottes ans Kreuz nagelte. Die Schrecknisse des Krieges, die Tragödie des Selbstmords, die Agonie des Hungernden, das Leiden der Ausgestoßenen, das Blut der Unfallopfer, der Terror der Verbrechen in unserer Generation — dies alles spricht von der Verderbtheit der Menschheit. Aber weder in der Vergangenheit noch in der Gegenwart ist eine Sünde begangen worden, die mit dem vollen Becher der Sünde, die Jesus ans Kreuz brachte, verglichen werden könnte. Eine Frage hat sich durch alle Zeiten hindurch immer wieder wie ein Schrei zum Himmel erhoben: »Wer ist er, und warum muß er sterben?« Die Antwort kommt zurück: »Dies ist mein einziger Sohn, der nicht nur für deine, sondern für die Sünden der ganzen Welt stirbt.« Vielleicht betrachtet jemand die Sünde als eine nebensächliche Angelegenheit; aber in Gottes Augen ist sie eine große und schreckliche Sache. Es ist das Zweitgrößte in der Welt überhaupt; nur die Liebe Gottes ist noch größer.

Wenn wir begreifen, welch großen Preis Gott für die Erlösung der Menschen zu zahlen bereit war, dann sehen wir auch, daß mit der Menschheit etwas ganz entschieden nicht in Ordnung ist. Sie braucht einen Retter — oder sie ist verloren!

Die Sünde kostete Gott sein Alles. Nimmt es da wunder, daß die Engel ihre Gesichter verbargen, daß sie in Verzweiflung verstummten, als sie die Auswirkungen von Gottes Heilsplan mit eigenen Augen sehen mußten? Wie unbegreiflich muß es für sie gewesen sein, daß Jesus die ganze, ungeheure Sündenlast auf sich nehmen sollte. Aber schon bald sollten sie ihre Gesichter wieder enthüllen und Gott loben und preisen. An jenem Tag wurde auf Golgatha ein Licht angezündet. Das Kreuz erstrahlte von der Herrlichkeit Gottes, als die schrecklichste aller Dunkelheiten vom Licht der Erlösung erhellt wurde. Satans verdorbene Legionen waren besiegt, und sie können nun nicht mehr alle Menschen in Dunkelheit und Niederlage gefangenhalten.

Die Engel bei der Auferstehung

Die Schrift sagt uns vom dritten Tag nach dem Tod Jesu: »Und siehe, es geschah ein großes Erdbeben. Denn der Engel des Herrn kam vom Himmel herab, trat hinzu und wälzte den Stein weg und setzte sich darauf. Seine Gestalt war wie der Blitz und sein Gewand weiß wie Schnee. Die Wachen aber erschraken aus Furcht vor ihm und wurden, als wären sie tot« (Mt 28, 2-4).

Obwohl immer wieder herumgerätselt wurde, wie schwer der Stein wohl gewesen sein könnte, brauchen wir hier nicht zu spekulieren, denn Jesus hätte aus dem Grab kommen können, ob der Stein nun da war oder nicht. Die Bibel erwähnt es trotzdem, damit kommende Generationen etwas von dem unge-heuren Wunder der Auferstehung begreifen.

Ich habe mich oft gefragt, was die Wächter wohl gedacht ha-ben mögen, als sie gegen die Helligkeit der aufgehenden Sonne den Engel beobachteten, der möglicherweise mit der Berüh-rung eines einzigen Fingers den Stein wegrollte! Obwohl die Wächter schwer bewaffnet waren, lähmte sie Angst und Entset-zen.

Als Maria in die Gruft hineinblickte, sah sie »zwei Engel in weißen Gewändern sitzen, einen zu den Häupten und den an-dern zu den Füßen, da sie den Leichnam Jesu hingelegt hatten« (Joh 20,12). Der Engel vor dem Grab verkündigte dann die großartigste Botschaft, die die Welt je gehört hat: »Er ist nicht hier, er ist auferstanden« (Lk 24,6). Diese wenigen Worte verän-derten die Geschichte des Universums. Dunkelheit und Ver-zweiflung starben. Hoffnung und Erwartung wurden in den Herzen der Menschen geboren.

Engel und die Himmelfahrt Jesu

Den Bericht von der Himmelfahrt Jesu finden wir in Apostel-geschichte 1. In Vers 9 heißt es: »Und da er solches gesagt, ward er aufgehoben zusehends, und eine Wolke nahm ihn auf vor ihren Augen weg.« Als Jesus auf die Erde kam, begleiteten ihn die Engelheere. Ich glaube, daß das Wort »Wolke« darauf hin-weist, daß Engel gekommen waren, um Jesus wieder zurückzu-bringen zur Rechten Gottes, des Vaters.

Die Jünger, die dies alles miterlebten, waren traurig und ver-zweifelt. Und wieder kamen zwei Engel, die wie Männer aussa-hen und in weiße Kleider gehüllt waren, und sagten: »Ihr Männer von Galiläa, was steht ihr und seht gen Himmel? Dieser Jesus, welcher von euch ist aufgenommen gen Himmel, wird so kommen, wie ihr ihn habt gen Himmel fahren sehen« (Apg 1,11).

So begleiteten die Engel den auferstandenen Herrn der Herrlichkeit zurück zur Rechten des Vaters. Auch die Morgensterne lobten und priesen ihn als den Sohn des lebendigen Gottes. Aber einige Engel blieben zurück, um den Jüngern zu versichern, daß sie immer in der Nähe und bereit sein würden, in zukünftigen Zeiten den Kindern Gottes beizustehen — bis zur Wiederkunft Jesu in Macht und Herrlichkeit.

Engel in der Prophetie

Auch im Blick auf zukünftige Geschehnisse spielen Engel eine wesentliche Rolle! Die Menschheitsgeschichte begann im Garten Eden, als Gott den Menschen zum Zweck ewiger Gemeinschaft mit ihm erschuf. Schon damals waren die Engel dabei. Sie waren immer gegenwärtig, wenn es um die Menschheit ging. Und das wird sich auch nicht ändern, bis die Zeit in die Ewigkeit einmündet.

Wie Millionen Engel dabei waren, als die Morgensterne in den Lobgesang der Schöpfung ausbrachen, so werden die unzählbaren Heere des Himmels beteiligt sein, wenn Gott seine prophetischen Weissagungen in Zeit und Ewigkeit erfüllt. Wenn Gott es befiehlt, wird Satan (Luzifer) von dieser Welt des Chaos entfernt werden, damit Gott sein Reich der Gerechtigkeit und eine wahre Theokratie aufrichten kann. Erst dann wird sich die Menschheit eines vollkommenen Friedens auf Erden erfreuen. Paulus sagt uns in Römer 8, daß sich die ganze Kreatur nach diesem Tag des Sieges Christi sehnt.

Die Propheten sprachen von einem wunderbaren Tag, an dem Gott den Fluch aufheben, Löwe und Lamm miteinander weiden und die Völker keinen Krieg mehr führen würden (Jes 2,4; 11,6). Die Engelheere werden Gottes königliche Anordnung erfüllen und den Plan Gottes für das Universum ausführen. Christus kommt wieder in großer Macht, und alle seine heiligen Engel werden bei ihm sein. Wie wir bereits gesehen haben, kamen die Engel, nachdem Jesus in den Himmel aufgefahren war, und sagten: »Ihr Männer von Galiläa, was steht ihr und seht gen Himmel? Dieser Jesus ... wird wiederkommen, wie ihr ihn habt gen Himmel fahren sehen« (Apg 1,11). So ermutigten die Engel die niedergedrückten Gläubigen, die mit ansahen, wie Jesus in einer Wolke ihren Blicken entschwand. Seit diesem Ereignis nehmen die Engel eine wesentliche Funktion im prophetischen Plan Gottes ein, der sich in den zukünftigen Ereignissen biblischer Prophetie fortsetzt.

Zu allen Zeiten haben die Gläubigen gefragt: »Wird dieser Konflikt denn nie zu Ende gehen?« Offenbar hat jede Zeit ihre eigenen Probleme und Konflikte. Jede Generation muß von neuem »in den Kampf eintreten«. Dahinter steht der unsichtbare Kampf der Zeiten. Wir haben geglaubt, die moderne Technologie würde viele der großen Probleme der Menschheit lösen. In einigen Fällen traf dieses zu. Die Angst vor der Kinderlähmung und den Pocken ist weithin gewichen. Aber die Technologie hat uns auch Waffen der Zerstörung in die Hand gegeben. Armut, Begierde, Krieg und Tod sind noch immer unsere Gefährten. Dies ist noch immer der gleiche Krieg, der auf geheimnisvolle Weise im Herzen Luzifers begann. Unsere Welt scheint sich auf einem selbstmörderischen Kurs zu befinden; aber Gott hat andere Pläne. Am Ende des Tunnels leuchtet ein Licht auf. Eines Tages werden Satan und seine Dämonen besiegt werden. Die Bibel sagt, daß die Gerechtigkeit schließlich triumphieren und das Königreich Gottes die Oberhand gewinnen wird. Und hierbei werden die Engel eine wichtige Funktion haben.

Ein kleines Mädchen hörte eine Uhr dreizehnmal schlagen. Atemlos lief sie zu ihrer Mutter und rief: »Mutter, es ist später als je zuvor.« Fast jeder wird dem zustimmen. Es ist später als je zuvor. Die Menschheit bewegt sich mit ungeheurer Geschwindigkeit auf einen Höhepunkt zu. Und die Bibel sagt genau voraus, was dieser Höhepunkt sein wird! Es wird eine neue Welt geben. Die moderne Technologie und wissenschaftliche Errungenschaften geben uns einen winzigen Hinweis darauf, wie diese neue Welt beschaffen sein könnte. Wäre die menschliche Natur nicht so verdorben, könnte der Mensch diese neue Welt selbst schaffen. Aber die Rebellion des Menschen gegen Gott ist ihm immer wieder zum Fallstrick geworden. Die Strafe für diese Rebellion ist der Tod. Die besten Führer der Menschheit und die größten Denker sind immer wieder durch den Tod aufgehalten worden. Die Bibel sagt: »Es ist dem Menschen gesetzt, einmal zu sterben« (Hebr 9,27). Heute schaut die Welt nach einem Mann aus, wie Abraham Lincoln es war. Aber der Tod nahm ihn von uns.

Gott wird die Engel einsetzen, um die Zeit in die Ewigkeit einmünden zu lassen und ein neues Leben für die ganze Kreatur zu schaffen. Selbst die Wissenschaftler sprechen heute von der Möglichkeit, daß es einmal keine Zeit mehr geben könnte. Die meisten Wissenschaftler stimmen darin überein, daß die Zeit abläuft und zu Ende geht. Ökologisch, medizinisch, wissenschaftlich und moralisch gesehen geht die Zeit zu Ende. Selbst die Sonne kühlt langsam ab. Wohin wir auch blicken, des Menschen Zeit auf dieser Erde scheint abzulaufen. Die Selbstzerstörung überholt die Menschheit.

Wird der Mensch sich selbst zerstören? Nein! Gott hat einen anderen Plan!

Von Anbeginn der Zeiten hat sich der Mensch dafür interessiert, was jenseits unserer kurzen Lebensspanne liegt. Der moderne Mensch wendet sich dem Okkultismus, östlichem Mystizismus, Handlinienlesern und allen nur denkbaren Möglichkeiten zu, von denen er Auskunft über die Zukunft erwartet. Eigenartigerweise wendet sich nur eine Minderheit an die Bibel, das Buch, das die Zukunft genau voraussagt. Die Bibel lehrt, daß Jesus Christus mit seinen heiligen Engeln wiederkommen wird. Sie spricht von seiner Widerkunft als dem »Tag der Heimsuchung« (Jes 10,3), dem »bösen Tag« (Pred 12,1), dem »Tag des Zorns« (Röm 2,5) und dem »Gericht des großen Tages« (Jud 6). Darüber hinaus gibt es nicht viele weitere direkte oder indirekte Hinweise. Dieses »utopische Zeitalter« wird durch nie dagewesene Leiden für die Menschen eingeleitet werden — Totalitarismus, Armut, Krankheit, Erdbeben, moralischer Zerfall, Krieg — bis die Angst die Menschen fast verzehren wird. Die Bibel beschreibt diese Ereignisse: »Kriege und Empörungen ... ein Volk wird sich erheben wider das andere und ein Reich wider das andere, und es werden geschehen große Erdbeben und hin und her Pestilenz und teure Zeit; auch werden Schrecknisse und große Zeichen vom Himmel geschehen« (Lk 21,9-11).

Gläubige Christen und auch gläubige Juden werden verfolgt werden. »Sie werden die Hände an euch legen und euch verfolgen und werden euch überantworten in ihre Synagogen und Gefängnisse und vor Könige und Fürsten ziehen um meines Namens willen. Ihr werdet aber überantwortet werden von den Eltern, Brüdern, Verwandten und Freunden; und sie werden euer etliche töten. Und ihr werdet gehaßt sein von jedermann um meines Namens willen ... wenn ihr aber sehen werdet Jerusalem belagert von einem Heer, so merket, daß herbeigekommen ist seine Verwüstung ... denn das sind die Tage der Vergeltung, damit erfüllt werde alles, was geschrieben ist ... und es werden Zeiten geschehen an Sonne und Mond und Sterne, und auf Erden wird den Leuten bange sein und sie werden zagen, denn das Meer und die Wasserwogen werden brausen, und die Menschen werden verschmachten vor Furcht und vor Warten der Dinge, die kommen sollen über die ganze Erde; denn auch der Himmel Kräfte werden ins Wanken kommen« (Lk 21,12-26).

Jesus fährt fort: »Und alsdann werden sie sehen des Menschen Sohn kommen in einer Wolke mit großer Kraft und Herrlichkeit« (V. 27).

Wie am Anfang der Zeiten die Engelmächte einen Krieg im Himmel führten (Offb 12,7-9), so werden in den letzten Tagen die Engel in einem anderen Krieg stehen. Satan tritt zum letzten Kampf an. Je näher dieser Zeitpunkt rückt, um so heftiger werden seine Angriffe.

Aber es wird ein siegreicher Tag für das Universum und besonders für den Planeten Erde werden, wenn der Teufel und seine Engel in den Feuersee geworfen werden und nie mehr die Menschen versuchen und zerstören können. Gott hat den Engeln diese Aufgabe übertragen, und die Schrift versichert uns, daß sie siegreich sein werden (Mt 13,41-42).

Engel werden die Auserwählten Gottes sammeln

Im Zusammenhang mit diesem Gedanken sagt Jesus: »Wenn aber des Menschen Sohn kommen wird in seiner Herrlichkeit und alle Engel mit ihm, dann wird er sitzen auf dem Thron seiner Herrlichkeit« (Mt 25,31). In anderen Worten, Jesus wird bei seiner Wiederkunft von den Heerscharen des Himmels begleitet werden. Die heiligen Engel werden bei ihm sein! Er sagt: »Des Menschen Sohn wird seine Engel senden, und sie werden sammeln aus seinem Reich alle, die Ärgernis geben und die da Unrecht tun, und werden sie in den Feuerofen werfen; da wird Heulen und Zähneklappen sein« (Mt 13,41-42). Kurz vorher hatte Jesus seinen Jüngern das bedeutsame Gleichnis vom Unkraut unter dem Weizen erzählt. Beide durften bis zur Ernte nebeneinander reifen, dann bündelten die Schnitter Unkraut und Weizen getrennt zusammen. Das Unkraut wurde verbrannt, der Weizen in die Scheune gebracht. Wir fragen uns oft, warum Gott so viel Sünde in dieser Welt zuläßt, warum er nicht eingreift. Warum rottet Gott die Sünde nicht jetzt aus? Die Antwort gibt uns dieses Gleichnis, in dem Jesus sagt: »Laßt beides miteinander wachsen bis zur Ernte« (V. 30). Wenn wir versuchen würden, das Böse gänzlich von der Erde zu vertilgen, wer würde dann noch nach Gerechtigkeit trachten? Wirkliche Gerechtigkeit gibt es hier nicht, weil wir alle schuldig sind, auch die Richter, die hier auf Erden Recht sprechen. Sie sind auch Sünder. Der Mensch muß sein Bestes geben, um die Gerechtigkeit zu fördern, aber sein Bestes reicht nicht aus zur vollkommenen Gerechtigkeit. Den Engeln wird die Aufgabe zukommen, das Gute vom Bösen zu trennen. Und das Gericht Gottes wird so vollkommen sein, daß selbst die Verurteilten ihre Knie beugen und bekennen werden: »Du bist gerecht.« Jemand hat gesagt: »Wenn ich sterbe, will ich nicht Gerechtigkeit, ich will Gnade!« Diese Gnade wird uns durch Christus angeboten.

So werden die Engel nicht nur Christus bei seiner Wiederkunft begleiten, sondern sie tragen auch die Verantwortung dafür, aus seinem Königreich alles Böse auszutilgen und dem Gericht zuzuführen (Mt 13,27-50).

Wir können uns nicht vorstellen, wie diese Erde aussehen wird, nachdem Gott den Teufel und die Sünde vernichtet hat. Unser Denken ist überfordert, wenn wir uns »Christus auf dem Thron« vorstellen wollen. Die große, sich nach Süden bewegende Wüste Sahara wird blühen. Die Menschen werden ganz neue Nahrungsmittel entdecken; der Boden, der heute öde und trokken daliegt, wird jährlich zwölf Ernten hervorbringen. Der Hang im Herzen des Menschen zur Unmoral wird verschwunden sein. Statt dessen wird ihn der Durst nach Gerechtigkeit erfüllen. Es fällt uns machmal schwer, in diesen Tagen der Verzagtheit den nötigen Glauben zu haben. Aber die Bibel sagt es uns. Ich weiß nicht, was den modernen Menschen außer Drogen und Alkohol bleibt, wenn sie nicht diese Zukunftshoffnung haben.

Wir können uns heute entscheiden, ob die Engel uns dienen sollen oder nicht. Wenn wir Jesus Christus nachfolgen, entscheiden wir uns auch für den Schutz und die Fürsorge der Engel im Himmel. Wenn Jesus Christus wiederkommt, haben wir nicht mehr die Möglichkeit der Entscheidung. Wenn wir jetzt zögern, wird es dann zu spät sein, und wir werden für immer auf den wunderbaren Dienst der Engel und die Verheißung der Erlösung zum ewigen Leben verzichten müssen.

Engel und unsere Zukunft

Dr. Miller stellt die Frage: »Wie sieht die Zukunft für diese ausgelaugte, alte Welt aus? . . . für die physikalische Erde?« Die Antwort auf solche Fragen lassen sich nicht in der Astrologie oder durch Zauberei finden, sondern im inspirierten Wort Gottes. Und wir können gewiß sein, daß die Engel bei der Erfüllung der Weissagungen der Heiligen Schrift beteiligt werden. Gott wird diese Erde erneuern, ein neues Jerusalem vom Himmel bauen und die erlösten Menschen über die Engel erheben. Welch eine Zukunft!

Elia war einer der größten Propheten und erschien plötzlich in einer der dunkelsten Stunden Israels (1. Kön 17). Er war ein starker sonnengebräunter Sohn der Wüste. Manchmal war er mutig wie ein Löwe, dann wieder frustriert und niedergedrückt. Einmal forderte er die Propheten Baals zu einem Wettstreit heraus, der zeigen sollte, wer wirklich Gott ist (1. Kön 18,19). Als die Propheten Baals keine Antwort von ihrem falschen Gott bekamen und Elias Gott durch Feuer antwortete, konnte die Königin Isebel die Wahrheit nicht ertragen und versuchte, den Mann Gottes zu töten. Elia war von der Flucht müde geworden und legte sich unter einen Wacholderstrauch. Er tat sich selbst leid. Schließlich schlief er ein und wurde dann durch die Berührung eines Engels aufgeweckt. Dann wurde ihm Speise vorgesetzt, und der Engel sagte: »Stehe auf, iß!«

»Und er sah sich um, und siehe, zu seinen Häupten lag ein geröstetes Brot und eine Kanne mit Wasser. Und da er gegessen und getrunken hatte, legte er sich wieder schlafen. Und der Engel des Herrn kam zum andern Mal wieder und rührte ihn an und sprach: Stehe auf und iß! Denn du hast einen großen Weg vor dir. Und er stand auf und aß und trank und ging durch Kraft derselben Speise vierzig Tage und vierzig Nächte bis an den Berg Gottes Horeb« (1. Kön 19,6-8).

Gott ließ seinen Propheten nicht im Stich. Er gab ihm genau das, was er körperlich, psychologisch und in geistlicher Hinsicht brauchte. Viele von uns verzweifeln unter dem Druck der Lebensumstände. Wenn wir aber ein vom Heiligen Geist erfülltes und geleitetes Leben führen, können wir die Verheißungen Gottes in Anspruch nehmen. Die prophetischen Schriften geben uns »Hoffnung«. Ich weiß nicht, wie heute denkende Menschen ohne den in der Schrift offenbarten Plan Gottes für die Zukunft und die damit verbundene Hoffnung leben können. Durch Händeringen oder Selbstmord oder durch den Okkultismus finden wir keine Antwort. Die Antwort im Blick auf die Zukunft finden wir in der Heiligen Schrift. Sie ist zusammengefaßt in der Person Jesu Christi. Gott hat alle unsere Hoffnungen und Träume auf ihn konzentriert. Und er ist der Oberkommandierende der Engelheere, die ihn bei seiner Wiederkunft begleiten werden.

Die Antwort der Engel

Die Schreiber des Neuen Testamentes haben bestätigt, daß den Engeln die Macht zukommt, die prophetischen Anordnungen Gottes zu erfüllen. Aber vom Sohn wird gesagt: »Gott, dein Thron währt von Ewigkeit zu Ewigkeit« (Hebr 1,8). Der Apostel Petrus unterstreicht diese Wahrheit, indem er von Christus spricht, »welcher ist zur Rechten Gottes, aufgefahren gen Himmel, und sind ihm untertan die Engel und die Gewaltigen und die Kräfte« (1. Petr. 3,22). Es kommt die Zeit, wo die vierundzwanzig Ältesten seiner Engelschöpfung vor dem Thron des Lammes niederfallen und ihr neues Lied singen werden (Offb 5,9-10). Danach werden sich die heiligen Engel um den Thron versammeln und in das Zeugnis für das Lamm einstimmen und ausrufen: »Das Lamm, das erwürget ist, ist würdig zu nehmen Kraft und Reichtum und Weisheit und Stärke und Ehre und Preis und Lob« (Offb 5,12). Engel sind zwar mit großer Autorität ausgerüstet, die sich aber auf die Erfüllung des göttlichen Willens beschränkt. Sie lenken nie von der Botschaft Gottes ab, verwässern seine Botschaft und ändern seinen Plan nicht. Zu allen Zeiten haben sie nur Gott verherrlicht, nie sich selbst.

Die Bibel lehrt, daß die Dämonen ihrem Meister, Satan, ergeben sind und die Erde beherrschen. Selbst Jesus nannte Satan den »Fürst dieser Welt« (Joh 12,31). Er ist ein meisterhafter Organisator und Stratege. Zur Zeit der Bibel geschah es oft (und es geschieht vielleicht noch heute), daß Engel und Dämonen gegeneinander kämpften. Viele schreckliche Ereignisse unserer Zeit könnten mit diesem unsichtbaren Kampf zusammenhängen.

Wir sind aber nicht im unklaren darüber gelassen, wer schließlich triumphieren wird. Immer wieder hat Jesus versichert, daß er und seine Engel den Sieg davontragen werden. »Wenn aber der Menschensohn kommen wird in seiner Herrlichkeit, und alle Engel mit ihm, dann wird er sitzen auf dem Thron seiner Herrlichkeit« (Mt 25,31). Und der Apostel Paulus schreibt: ». . . wenn der Herr Jesus sich offenbaren wird vom Himmel in Feuerflammen mit den Engeln seiner Macht« (2. Thess 1,7).

Und Jesus sagt: »Wer mich bekennt vor den Menschen, den wird auch der Menschensohn bekennen vor den Engeln Gottes« (Lk 12,8). Wir können uns nicht vorstellen, wie groß der ewige Verlust sein wird, wenn ein Mensch entdeckt, daß die Engel ihn nicht anerkennen, weil er Jesus nicht bekannt hat. Aber welch ein Augenblick wird es für die Gläubigen aller Zeiten, aller Stämme, Nationen und Sprachen sein, wenn sie im Himmel erscheinen werden. Die Schrift nennt dies »das Hochzeitsmahl des Lammes« (Offb 19,9). Dieses große Ereignis wird stattfinden, wenn Jesus Christus als König der Könige und Herr aller Herren gekrönt sein wird. Die Gläubigen aller Zeiten werden mit den Engelheeren ihre Knie beugen und ihn als Herrn bekennen.

Das Buch der Offenbarung gibt uns von Kapitel 4 bis 19 ein Bild des Gerichtes, das diese Erde wie nie zuvor heimsuchen wird. Und die Engel werden an allen diesen Gerichten beteiligt sein. Aber nach diesen schrecklichen Ereignissen wird Christus mit seinen heiligen Engeln kommen, um sein Königreich aufzurichten.

Ob der Kampf zwischen den Mächten Satans und den Mächten Gottes auch andere Planeten und Galaxien mit einschließt, wissen wir nicht, aber daß diese Erde der Austragungsort der Auseinandersetzungen ist. Aber gleichzeitig ist es ein gigantischer Kampf, der das ganze Universum in Mitleidenschaft zieht.

Verstandesmäßig können wir es nicht ausloten, aber trotz unserer kurzen Zeitspanne auf Erden nehmen wir an diesem Kampf teil. Es scheint uns fast unglaublich, daß übernatürliche Wesen aus dem Weltraum in einen Kampf um diesen Planeten verwickelt sein sollen.

Alles begann im Garten Eden, einem Ort irgendwo zwischen Tigris und Euphrat im Nahen Osten. Es ist von Bedeutung, daß die Nationen, die in der Frühgeschichte eine wesentliche Rolle spielten, auch heute wieder in den Vordergrund treten: Israel, Ägypten, Syrien, Persien usw. Im Garten Eden gab uns Gott damals eine große Verheißung: »Und ich will Feindschaft setzen zwischen dir und dem Weibe und zwischen deinem Nachkommen und ihrem Nachkommen; der soll dir den Kopf zertreten, und du wirst ihn in die Ferse stechen« (1. Mose 3,15). Wir gehen auf das Ende der Zeiten zu, und der Kopf Satans wird immer mehr von den Mächten Gottes zertreten. Unter dem Oberbefehl Gottes organisiert der Erzengel Michael seine Heerscharen für den letzten Kampf — Harmagedon. Das letzte Bild der Bibel eröffnet uns einen Ausblick auf den Himmel.

Vor einigen Jahren hatte ich einmal mit einigen Senatoren der Vereinigten Staaten gespeist. Ich befand mich im Gespräch mit verschiedenen Persönlichkeiten, als mich Senator Magnuson von Washington an seinen Tisch rief. Er sagte: »Billy, wir diskutieren gerade über Pessimismus und Optimismus. Sind Sie ein Pessimist oder ein Optimist?« Ich lachte und sagte: »Ich bin ein Optimist.« Er fragte zurück: »Warum?« Darauf antwortete ich: »Ich habe die letzte Seite der Bibel gelesen.«

Die Bibel spricht von einer Stadt, deren Erbauer Gott selbst ist, und wo die Erlösten den Engeln übergeordnet sein werden. Sie spricht von einem »Strom lebendigen Wassers, klar wie Kristall, der ausgeht von dem Thron Gottes und des Lammes« (Offb 22,1). Und es heißt weiter: »... sie werden sein Angesicht sehen, und sein Name wird an ihren Stirnen sein. Und es wird keine Nacht mehr sein, und sie bedürfen keiner Leuchte und nicht des Lichts der Sonne; denn Gott der Herr wird sie erleuchten, und sie werden regieren von Ewigkeit zu Ewigkeit« (Offb 22,4-5). Der nächste Vers gibt uns einen wunderbaren letzten Hinweis auf die Engel: »Diese Worte sind gewiß und wahrhaftig, und der Herr, der Gott des Geistes der Propheten, hat seinen Engel gesandt, zu zeigen seinen Knechten, was bald geschehen muß.«

Christen und Nichtchristen sollten über den siebten Vers dieses Kapitels nachdenken, wo Gott sagt: »Siehe, ich komme bald. Selig ist, der die Worte der Weissagung in diesem Buch bewahrt.«

Die Engel und der Tod

Der Engel, der zum Grab Jesu kam und den Stein wegrollte, ließ einen frischen Wind und das Morgenlicht in die Gruft. Nun war das Grab keine leere Gruft oder trostlose Bleibe mehr, sondern ein Ort des Lebens und der Herrlichkeit des lebendigen Gottes. Das Grab war nicht länger ein dunkles Gefängnis, sondern ein Zeugnis für das himmlische Licht, das die Schatten des Todes vertreibt. Die Auferstehung Jesu hatte die Verwandlung bewirkt.

Worte von Menschen oder Engeln können nicht in angemessener Weise die Höhe und Tiefe, die Länge und Breite der Herrlichkeit beschreiben, zu der die Welt erwachte, als Jesus die Fesseln des Todes hinter sich ließ.

Im Gegensatz zu Jesus müssen wir noch immer sterben. Aber wie ein Engel bei der Auferstehung Jesu beteiligt war, so werden die Engel auch uns im Tod beistehen. Nur ein hauchdünner Schleier trennte die natürliche von der geistlichen Welt. Diesen Schleier nennen wir Tod. Aber Christus hat den Tod und die Drohungen und Anläufe der gefallenen Engel besiegt. Darum ist heute der Tod umgeben von Gottes Zusicherung, daß die Engel für die Gläubigen neues, pulsierendes Leben aus dieser dunklen Erfahrung erwachsen lassen. Wir sind Erben des Reiches Gottes.

Die Christen und der Tod

Für die Gläubigen zerschneidet der Tod das Band, das sie in dieser gegenwärtigen bösen Welt gefangenhält, damit die Engel sie zu ihrem ewigen Erbe geleiten können. Der Tod ist der Feuerwagen, die einladende Stimme des Königs zu einer Reise ohne Aufenthalt zum Festbankett in der Welt der Herrlichkeit.

In einem anderen Zusammenhang haben wir bereits Lazarus erwähnt, den die Engel zu Abrahams Schoß geleiteten. Wenn ich über den Tod nachdenke, ist mir diese Geschichte immer wieder ein großer Trost: Ich werde tatsächlich von Engeln in die Gegenwart Gottes gebracht. Diese dienstbaren Geister, die mir auf Erden so oft beigestanden haben, werden mir auch im letzten großen Kampf zur Seite stehen. Der Tod ist ein Kampf, eine letzte Krisensituation. Paulus nennt ihn den »letzten Feind« (1. Kor 15,26). Der Stachel des Todes ist zwar durch das Werk Christi am Kreuz und durch seine Auferstehung entschärft, aber der Weg durch das Tal des Todes ist noch immer von Furcht begleitet und birgt seine Geheimnisse. Aber Engel werden da sein, um uns zu helfen. Könnten nicht »Stecken und Stab«, von denen Psalm 23 so tröstlich spricht, Engel sein, die uns im Tal der Todesschatten zur Seite stehen?

Wer seinen Frieden mit Gott gemacht hat, kann die gleiche Haltung einnehmen wie der Evangelist D. L. Moody. Als er wußte, daß seine Stunde nahe war, sagte er: »Die Erde tritt zurück, der Himmel öffnet sich vor mir.« Er schien zu träumen. Dann sagte er: »Nein, dies ist kein Traum ... es ist wunderbar, wie eine Verzückung. Wenn dies der Tod ist, dann ist er süß. Ich sehe kein dunkles Tal. Gott ruft mich, und ich muß gehen.«

Nachdem man bereits angenommen hatte, daß Moody gestorben war, kam er noch einmal zu sich und deutete an, Gott habe ihm einen Blick hinter den dünnen Schleier gestattet, der die sichtbare von der unsichtbaren Welt trennt. Er hatte einen Blick tun dürfen auf liebe Menschen, die vor ihm den Weg in die Herrlichkeit angetreten hatten. Dann erinnerte er sich an einen Ausspruch, den er einmal in seinem evangelistischen Dienst gemacht hatte: »Eines Tages werdet ihr in den Zeitungen lesen, daß D. L. Moody aus East Northfield tot ist. Glaubt das ja nicht! In diesem Augenblick werde ich nämlich lebendiger sein als jetzt. Ich werde nur höher hinauf gegangen sein — das ist alles. Ich werde dieses alte, ungastliche Haus aus Lehm verlassen und ein unsterbliches Haus bezogen haben. Dann habe ich einen Leib, den der Tod nicht berühren und die Sünde nicht beschmutzen kann, einen Leib, der dem Herrlichkeitsleib Jesu ähnlich ist ... Was vom Fleisch geboren ist, mag sterben. Was aber aus dem Geist geboren ist, wird ewig leben.« Wenn Moody heute zu uns sprechen könnte, würde er uns die herrliche Erfahrung bezeugen, daß Engel ihn in die Gegenwart Gottes führten.

Der Tod ist nichts Natürliches, denn der Mensch wurde zum Leben erschaffen. Er ist vielmehr Gottes Urteil für die Sünde und Rebellion des Menschen. Ohne die Gnade Gottes durch Jesus Christus ist der Tod eine grausame Sache. Ich habe am Sterbebett von Menschen gestanden, die ohne Christus in den Tod gingen — das war eine schreckliche Erfahrung. Ich habe auch am Sterbebett von gläubigen Christen gestanden — das war eine herrliche Erfahrung. Charles Spurgeon sagte von der Herrlichkeit, die den Tod der Erlösten überstrahlt: »Wenn ich so sterben darf, wie ich es bei einigen Menschen erlebt habe, dann freue ich mich darauf! Ich möchte dem Tod nicht auf irgendeinem Nebenweg entwischen, wenn ich so singen darf, wie sie gesungen haben. Wenn ein solches Hosianna und Halleluja in meinen Augen aufstrahlen darf, wie ich es bei ihnen gehört und gesehen habe, dann wird der Tod ein Segen sein.«

Für den Gläubigen hat der Tod viel von seinem Schrecken verloren. Aber wir brauchen noch immer den Schutz Gottes für diese letzte Reise. Im Augenblick des Todes trennt sich der Geist vom Leib und bewegt sich durch die Atmosphäre. Aber die Schrift sagt uns, daß der Feind dann auf der Lauer liegt. Er ist der »Mächtige, der in der Luft herrscht« (Eph 2,2). Wenn die Augen unserer Erkenntnis geöffnet wären, könnten wir wahrscheinlich die Dämonen, die Feinde Christi, um uns herum sehen. Wenn Satan den Engel in Daniel 10 drei Wochen lang aufhalten konnte, dann können wir uns den Kampf vorstellen, dem sich ein Gläubiger im Tod ausgesetzt sieht.

Aber auf Golgatha hat Jesus einen Weg durch das Reich Satans freigekämpft. Als Christus auf diese Erde kam, mußte er durch das Territorium Satans hindurch eine Bresche schlagen. Darum wurde er auch von den Heerscharen der Engel begleitet (Lk 2,8-14). Und darum werden ihn auch die Engel begleiten, wenn er wiederkommt (Mt 16,27). Bis zu dem Augenblick ist der Tod die letzte Möglichkeit Satans, den Gläubigen anzugreifen. Aber Gott hat seinen Engeln befohlen, über uns zu wachen.

Als Jesus die Geschichte vom reichen Mann und armen Lazarus erzählte, sagte er, daß Lazarus »von den Engeln getragen« wurde. Er wurde nicht nur begleitet. Welch ein Erlebnis muß das für Lazarus gewesen sein! Er hatte bis zu seinem Tod vor der Tür des reichen Mannes gebettelt. Dann wurde er plötzlich von den mächtigen Engeln in die Gegenwart Gottes getragen!

Ich war einmal in London, als Königin Elisabeth gerade von einer Auslandsreise zurückkam. Ich sah die Parade der Würdenträger, die Militärkapellen, die Truppen und wehenden

Fahnen. Ich sah die ganze Herrlichkeit, die sich mit der Rückkehr einer Königin verbindet. Aber das war nichts im Vergleich zur Heimkehr eines wahren Gläubigen, der diese Welt mit allen ihren Leiden verlassen hat und von Engeln umgeben wird, die ihn zu dem herrlichen Empfang tragen, der im Himmel auf die Erlösten wartet.

Ein Christ sollte den Tod nicht als Tragödie betrachten. Er sollte ihn so sehen, wie das auch die Engel tun: Sie wissen, daß die Freude das Kennzeichen der Reise von der Erde in die Herrlichkeit ist. Der Weg führt durch das Tal des Todes. Aber dieser Weg ist eine Siegesallee. Die Engel freuen sich über die Macht der Auferstehung Jesu, die auch unsere Auferstehung und unser Geleit in die Ewigkeit garantiert.

Es gibt zahllose Berichte davon, wie Gläubige von Engeln in die Ewigkeit geleitet wurden. Als meine Großmutter mütterlicherseits starb, schien das Sterbezimmer von einem himmlischen Licht erfüllt zu sein. Sie setzte sich im Bett auf und sagte beinahe lachend: »Ich sehe Jesus! Er streckt mir seine Arme entgegen. Ich sehe Ben (ihren Mann, der ein paar Jahre früher gestorben war) und ich sehe die Engel.« Dann legte sie sich zurück und war nicht mehr bei uns, sondern beim Herrn.

Als ich als junger Mann eine Bibelschule besuchte, wurde eines Tages eine junge Missionarin sehr krank. Die Ärzte sagten, sie hätte nur noch wenige Stunden zu leben. Ihr Mann und ein paar Lehrer waren bei ihr im Zimmer, als sie plötzlich ausrief: »Ich sehe Jesus zur Rechten Gottes — und Margarete ist bei ihm!« (Margarete war die kleine Tochter dieser Missionarin, die einige Monate vorher gestorben war.)

Heute werden den sterbenden Patienten so viele Drogen gegeben, daß wir nicht mehr viele solche Zeugnisse hören können. Wer aber im Vertrauen auf Jesus in den Tod geht, für den ist er eine herrliche Erfahrung. Die Bibel garantiert jedem

Gläubigen ein Schutzgeleit durch die heiligen Engel in die Gegenwart Jesu Christi.

Die Engelboten des Herrn werden sehr oft nicht nur ausgesandt, um die Erlösten in die Ewigkeit heimzuholen, sondern auch, um denen Hoffnung und Freude zu bringen, die zurückbleiben. Er hat verheißen, »zu schaffen den Trauernden zu Zion, daß ihnen Schmuck für Asche, Freudenöl statt Trauerkleid, Lobgesang statt eines betrübten Geistes gegeben werden« (Jes 61,3).

Der moderne Mensch ist heute von einer düsteren und hoffnungslosen Einstellung zum Leben gekennzeichnet. In seinem Buch *Responding to Suicidal Crisis* zitiert der Autor, Doman Lum, Minna Field, die von der Unzulänglichkeit einer Beratung und Behandlung spricht, wenn sie den eigentlichen Problemen ausweicht und den Patienten schulterklopfend versichert, daß es doch gar nicht so schlimm ist. Heute werden in medizinischen Zentren bereits Todesseminare mit Psychiatern, Psychologen und Therapeuten abgehalten. Robert J. Lifton, der die Phänomene des Todes studiert, weist in demselben Buch auf einige interessante Ansichten von Überlebenden der Hiroshima-Katastrophe hin. Er sagt: »Es war ein bleibendes Bewußtsein einer überwältigenden und andauernden Begegnung mit dem Tode vorhanden. Als ein Ergebnis dieser Einstellung brach der Glaube an alle menschlichen Strukturen in sich zusammen. Die Menschen kapselten sich gegen alle Gefühle im Blick auf den Tod ab. Sie hatten ein überwältigendes Schuldgefühl und verurteilten sich selbst, als wären sie für die Tragödie verantwortlich ... sie waren von der Angst vor dem Tod besessen ... und erkannten die Unsicherheit des Lebens.«

Wir haben vielleicht schon einmal den Ausdruck »über den Jordan gehen« als eine Umschreibung des Todes gehört. In Negrospirituals begegnet man diesem Bild. Dies ist natürlich ein

Hinweis auf den siegreichen Marsch des Volkes Israel, das den Jordan überqueren mußte, um in das verheißene Land zu kommen. Sie gingen damals trockenen Fußes durch das Flußbett. Dies können wir auf den Tod anwenden und sagen, daß uns die Engel sicher über den Todesjordan in die verheißene Herrlichkeit bringen werden. Darum machen sich Christen keine Sorgen — im Unterschied zu den Menschen, die keine Hoffnung haben (1. Thess 4,13). Als der Apostel Paulus seinen eigenen Tod nahen fühlte, sagte er: »Wir sind aber getrost und haben vielmehr Lust, den Leib zu verlassen und daheim zu sein bei dem Herrn« (2. Kor 5,8). Wenn sich die herrliche Trennung des geistlichen Seins vom physischen Leib ereignen wird, sind die Engel da, um uns das Freudengeleit in die Gegenwart unseres Heilandes zu geben. Und das bedeutet »ewiges Leben«.

Der wunderbare Empfang

Ich glaube, daß der Tod schön sein kann. Ich bin an dem Punkt angelangt, wo ich ihm mit Freude und Erwartung entgegensehe. Ich habe am Sterbebett vieler Menschen gestanden, die mit dem Ausdruck des Triumphes auf ihrem Gesicht heimgingen. Darum sagt auch das Wort Gottes: »Der Tod seiner Heiligen wiegt schwer vor dem Herrn« (Ps 116,15). Und David fügt hinzu: »Und ob ich schon wanderte im finstern Tal, fürchte ich kein Unglück« (Ps 23,4).

Vielleicht erfüllt der Gedanke an den Tod manchen Menschen mit großer Angst. Aber als Christen dürfen wir wissen, daß nach dem Augenblick des Leidens die Verwandlung in die Ebenbildlichkeit des Herrn folgt. Die Wunder, Schönheiten und Herrlichkeiten des Himmels werden uns gehören. Wir werden von himmlischen Botschaftern umgeben sein, die uns im Auftrag Gottes nach Hause bringen, und wir werden dort von unserer Arbeit ruhen, während uns die Ehre unserer Werke nachfolgt (Offb 14,13).

Darum konnte auch der Apostel Paulus sagen: »Darum, meine lieben Brüder, seid fest, unerschütterlich und nehmt immer zu in dem Werk des Herrn, weil ihr wißt, daß eure Arbeit nicht vergeblich ist in dem Herrn« (1. Kor 15,58).

Sind wir zum Leben bereit? Können wir dem Tod entgegensehen? Niemand ist wirklich auf den Tod vorbereitet, der es nicht gelernt hat, für die Herrlichkeit Gottes zu leben. Weil Jesus für uns starb, können wir ihm unser Vertrauen schenken. Und in dem letzten Augenblick – der allergrößten Krise – wird er seine Engel schicken, die uns auf wunderbare Weise in die herrliche Ewigkeit bringen.

Engel als ständige Beobachter

Wie würden wir unser Leben einrichten, wenn wir genau wüßten, daß wir ständig beobachtet würden — nicht nur von unseren Eltern, unserer Frau, unserem Mann und den Kindern, sondern von den himmlischen Heerscharen? Nach 1. Korinther 4,9 beobachten uns die Engel. Wir sind ihnen ein »Schauspiel geworden«, sagt Paulus. Laut A. S. Joppie nimmt dieses Wort auf die Arenen Bezug, in denen im ersten Jahrhundert sich die Menschenmengen Tierkämpfe oder Kämpfe zwischen Menschen auf Leben und Tod ansehen — und wo dann später Christen von wilden Tieren zerrissen wurden. Indem Paulus das Wort »Schauspiel« benutzt, beschreibt er die Welt als eine große Arena. Alle wahren Christen wirken in diesem großen Drama mit, weil sie Christus gehorchen wollen. Dadurch sind sie in den Kampf mit den dunklen Mächten verwickelt, die es darauf abgesehen haben, sie zu Fall zu bringen. Aber die Schrift sagt: »Und sie haben ihr Leben nicht geliebt, bis hin zum Tod« (Offb 12,11).

In diesem Kampf, der sich auch schon damals in der Arena abspielte, wurden sie von den Engeln beobachtet. Die Engel waren bereit, ihnen zu Hilfe zu eilen und um diese Männer und Frauen zu befreien, die oft mit einem Loblied auf den Lippen in den Tod gingen. Aber Gott gestattete den Engeln nicht diese Form der Befreiung. Auch Jesus durften die Engel nicht vor dem Tod bewahren. Er mußte den Tod der Trennung von Gott voll auskosten. Die beobachtenden Engel standen bereit, aber der Befehl zum Angriff kam nicht. Warum? Weil Gottes Augenblick für den endgültigen Sieg über die bösartigen Mächte der Finsternis noch nicht gekommen war.

Wie schon vorher erwähnt, treiben uns heute viele verwirrende Fragen um: Warum läßt Gott das Böse zu? Warum straft Gott die Sünder nicht? Warum gibt es Krankheiten? Warum läßt Gott Katastrophen zu? Aber: Gottes Zeitplan ist vollkommen! Die Heerscharen der Engel, die alle Ereignisse in unserer Welt beobachten, können erst dann eingreifen und die Erlösten befreien, wenn Gott das Signal gibt. Und eines Tages wird er das tun. Christus hat gesagt, daß Weizen und Unkraut, Gerechte und Ungerechte miteinander der Ernte entgegenreifen müssen. Dann werden die heiligen Engel die Auserwählten Gottes befreien und in sein Reich bringen.

Engel stehen bereit

Die Engel haben das Drama dieses Zeitalters beobachtet und gesehen, wie die Gemeinde entstand und sich über die ganze Welt ausbreitete. Ihnen entgeht keine Bewegung auf dieser Erde, »damit jetzt kund werde die mannigfaltige Weisheit Gottes den Mächten und Gewalten im Himmel durch die Gemeinde« (Eph 3,10). Dr. Joppie weist darauf hin, daß das Wort »jetzt« die ganze Zeit der Gemeinde abdeckt. Die Engel waren Zeugen, als die Gemeinde Jesu Christi entstand. Sie haben das Leben aller Gläubigen beobachtet und gesehen, wie der Herr in ihrem Leben Gnade, Liebe und Kraft wirkte. Und auch heute haben die Engel acht auf den Bau der wahren Gemeinde an allen Orten.

Aber welches »Schauspiel« bietet sich den Engeln in der Arena unserer Tage? Können sie sehen, daß wir fest im Glauben stehen und in Gerechtigkeit wandeln? Oder sind sie verwundert über unseren Mangel an Hingabe? Die beiden Möglichkeiten scheinen in Epheser 3,10 angedeutet zu sein.

Die Gewißheit, daß die Engel auch heute unseren Lebenswandel beobachten, sollte unsere Entscheidungen auf allen Ebenen beeinflussen. Gott sieht uns, und auch die Engel schauen interessiert zu. Eine neuere Bibelübersetzung gibt 1. Korinther 4,9 so wieder: »Gott hat uns förmlich ausgestellt ... eine Vorstellung im Amphitheater dieser Welt, in dem Menschen und Engel zuschauen.« Wir wissen zwar, daß die Engel uns in der Hitze des Kampfes sehen, aber wie wunderbar es doch wäre, wenn wir ihre mutmachenden Zurufe auch hören könnten.

Ruf zur Gerechtigkeit

Die Lebensführung und der geistliche Kampf der Gläubigen haben für den Himmel und die Engelscharen erste Priorität. Wenn wir das begreifen, sind wir ganz neu herausgefordert und in die Entscheidung gestellt. Paulus ermahnt uns: »Ich ermahne dich inständig vor Gott und Christus Jesus und den auserwählten Engeln, daß du dich daran hältst ohne Vorurteil und niemanden begünstigst« (1. Tim 5,21). Paulus rief Timotheus damit ganz neu in Erinnerung, daß ihn die auserwählten Engel ständig beobachteten, um zu sehen, wie er dem Heiland diente und sein Leben als Christ einrichtete. Was könnte eine bedeutendere Motivation für ein gerechtes Leben darstellen! Ich muß es mir selbst sagen: »Vorsicht, die Engel beobachten dich!«

Es muß den Engeln große Freude bereiten, wenn sie sehen, wie die Gemeinde den verlorenen Menschen die unerforschlichen Reichtümer Christi verkündet. Wenn die Engel sich freuen über einen Sünder, der Buße tut (Lk 15,10), dann bestätigt dies die Tatsache, daß die Heerscharen der Engel wirklich von den Rängen der Arena auf uns herabsehen. Sie sind mit eingeschlossen in die »Wolke der Zeugen« (Hebr 12,1). Und ihnen entgeht keine Einzelheit unserer Erdenwanderung. Aber sie feuern uns nicht in der Weise an, wie es die Menschenmengen in den Arenen zur Zeit des Paulus taten. Doch wenn wir das Evangelium verkünden und unsere Freunde zu Christus führen, freuen sie sich mit uns.

In seinem Buch *Though I Walk Through the Valley* erzählt Dr. Vance Havner von einem alten Prediger, der sich bis spät in die Nacht hinein für eine Predigt vorbereitete, die er seiner kleinen Gemeinde halten wollte. Seine Frau fragte ihn, warum er so viel Zeit mit einer Predigt für so wenig Menschen zubringe. Darauf antwortete der Verkündiger: »Du vergißt, meine Liebe, wie groß meine Zuhörerschaft in Wirklichkeit sein wird!« Und Dr. Havner fügt hinzu: »Nichts ist hier trivial, wenn der Himmel zuschaut. Wir liefern ein besseres Rennen, wenn wir uns erinnern, daß wir ›eine Wolke von Zeugen um uns haben‹.«

Unser Tal ist vielleicht erfüllt mit Feinden und mit Tränen. Aber wir können unsere Augen zu den Bergen aufheben und Gott und seine Engel sehen, die himmlischen Beobachter, die uns nach Gottes unendlicher Weisheit beistehen und unseren Eingang in die Ewigkeit vorbereiten.

Engel in unserem Leben

Zu Beginn des Zweiten Weltkrieges wurde England von der britischen Luftwaffe vor einer Invasion und Niederlage bewahrt. In ihrem Buch *Tell No Man* beschreibt Adela Rogers St. John einen eigenartigen Aspekt dieses wochenlangen Luftkampfes. Ihre Informationen entnahm sie einer Feierstunde, die einige Monate nach dem Krieg zu Ehren des Oberkommandierenden der Luftwaffe, Lord Hugh Dowding, veranstaltet wurde. Der König, der Premier-Minister und viele Honoratioren waren anwesend. In seiner kurzen Ansprache kam der Oberkommandierende auf diesen legendären Kampf zu sprechen, in dem seine kleine Truppe kaum zum Schlafen kam und die Flugzeuge praktisch ständig in der Luft waren. Er erzählte von Fliegern, die in einem Luftkampf getroffen und entweder schwer verwundet oder getötet wurden, aber ihre Flugzeuge waren weiter im Kampf geblieben. Manchmal sahen Piloten anderer Flugzeuge sogar Gestalten im Cockpit, die das Flugzeug bedienten. Was war die Erklärung? Der Lord war der Ansicht, daß tatsächlich Engel einige der Flugzeuge geflogen hätten, deren Piloten tot im Cockpit saßen.

Daß tatsächlich Engel die Flugzeuge toter Piloten der britischen Luftwaffe übernahmen, können wir nicht nachweisen. Aber wir haben aus der Schrift bereits gesehen, was Engel mit Sicherheit getan haben, was sie tun können und was sie noch dabei sind zu tun, während wir uns geschichtlich einem Höhepunkt nähern. Die wichtige Frage für uns lautet, auf welche Weise Engel *uns* jetzt und hier helfen können. Wie helfen sie uns, die Mächte des Bösen zu besiegen? In welcher Verbindung stehen wir zu ihnen?

Wie wir wissen, hat Gott seinen Engeln befohlen, über uns zu wachen. Ohne ihre Hilfe könnten wir Satan nie besiegen. Paulus sagt: »Wir haben nicht mit Fleisch und Blut zu kämpfen, sondern mit Mächtigen und Gewaltigen, nämlich mit den Herrn der Welt, die in dieser Finsternis herrschen, mit den bösen Geistern unter dem Himmel (Eph 6,12). Wir wollen uns jetzt fragen, wie wir die Hilfe Gottes durch seine Engel erlangen können.

Der Gott dieser Zeit

Luzifer, unser Erzfeind, kontrolliert eine der mächtigsten und bestfunktionierenden Kriegsmaschinerien des Universums. Er kontrolliert die Mächtigen und Gewaltigen und Herren dieser Welt. Jede Nation, jede Stadt und jedes Dorf hat den heißen Atem seiner Bosheit schon verspürt. Er bereitet die Völker dieser Erde schon jetzt auf den großen Endkampf gegen Christus vor, den Kampf von Harmagedon. Aber Jesus versichert uns, daß Satan ein bereits besiegter Feind ist (Joh 12,31; 16,11), und Paulus sagt: »Christus Jesus, der dem Tode die Macht genommen und das Leben und ein unvergängliches Wesen ans Licht gebracht hat durch das Evangelium« (2. Tim 1,10). Petrus fügt hinzu: »Welcher ist zur Rechten Gottes, aufgefahren gen Himmel und es sind ihm untertan die Engel und die Gewaltigen und die Mächte (1. Petr 3,22).

Die Niederlage Satans

Im Prinzip ist Satan zwar ein besiegter Feind, aber Gott hat ihn offensichtlich noch nicht von dieser Welt genommen. Und die Bibel sagt uns, daß Gott ihn durch seine Engel richten und aus diesem Universum ausrotten wird. In Offenbarung 12 lesen wir von Satans früherer Niederlage: »Michael und seine Engel kämpften gegen den Drachen. Und der Drache kämpfte und seine Engel, und sie siegten nicht, auch ihre Stätte wurde nicht mehr gefunden im Himmel. Und es wurde hinausgeworfen der große Drache, die alte Schlange, die da heißt Teufel und Satan, der die ganze Welt verführt, und er wurde auf die Erde geworfen« (V. 7-9). Johannes beschreibt auch, wie die gegenwärtige Herrschaft Satans vorübergehend aufgehoben werden wird: »Und ich sah einen Engel vom Himmel herabfahren, der hatte den Schlüssel zum Abgrund und eine große Kette in seiner Hand. Und er griff den Drachen, die alte Schlange, das ist der Teufel und Satan, und fesselte ihn für tausend Jahre, und warf ihn in den Abgrund und verschloß ihn und setzte ein Siegel oben drauf, damit er die Völker nicht mehr verführen sollte ...« (Offb 20,1-3).

Er berichtet weiter, daß Satan nach einer befristeten Freilassung, an die sich der letzte große Kampf anschließt, von Gott in den feurigen Pfuhl geworfen wird, wo er in alle Ewigkeit leiden muß (Offb 20,10).

Nun wird vielleicht mancher einwerfen: »Es ist ja gut, daß der Teufel eines Tages völlig besiegt werden wird, aber ich habe hier und jetzt täglich mit ihm zu tun.« Dies ist jedoch nicht die ganze Wahrheit. Die Schrift gibt uns nämlich genaue Anweisungen, wie wir heute Sieg über Satan haben können.

Da heißt es zum Beispiel: »Und gebt nicht Raum dem Teufel (Eph 4,27). Das heißt doch: Laßt in euren Herzen keinen Raum unausgefüllt, in den er eindringen könnte. Und Petrus lehrt: »Seid nüchtern und wacht; denn euer Widersacher, der Teufel, geht umher wie ein brüllender Löwe und sucht, wen er verschlinge« (1. Petr 5,8). Wir können also gar nicht vorsichtig genug sein und sind aufgefordert, Gottes Widerstandsbewegung beizutreten: »Dem widerstehet, fest im Glauben« (1. Petr 5,9). Und bei Jakobus heißt es: »Widerstehet dem Teufel, so flieht er von euch« (Jak 4,7).

Aber diese Ermahnung, wachsam und nüchtern zu sein, ist nur eine Seite der Medaille. Zusätzlich können wir nämlich auf die gewaltigen Engel zählen, die zahlreicher und auch mächtiger sind als Satan und seine Dämonen. Increase Mather schrieb schon vor Jahrhunderten in *Angelographia:* »Sowohl gute als auch böse Engel üben einen größeren Einfluß auf diese Welt aus, als die Menschen gewöhnlich annehmen. Die große Gnade Gottes gegenüber uns sündhaften Kreaturen war es, die ihn veranlaßte, seinen heiligen Engeln Befehl zu geben, daß sie über uns wachen und uns gegen die Angriffe der bösen Geister beschützen sollen, die unausgesetzt darauf aus sind, unserem Körper und unserer Seele Schaden zuzufügen.«

Wir haben bereits Elisa betrachtet, der bei Dotan von einer scheinbar übermächtigen Feindesmacht umgeben war. Wenn wir, wie sein Diener damals, geöffnete Augen hätten, könnten wir nicht nur eine Welt voll böser Geister und Mächte sehen, sondern auch die mächtigen Engel, die mit gezogenen Schwertern zu unserer Verteidigung bereitstehen.

In Dotan umlagerten Tausende von Soldaten die Stadt und wollten Elisa Unheil bringen. Er verlor seinen inneren Frieden nicht, doch sein Diener hatte Angst und brauchte geöffnete Augen. Auch den besorgten, verwirrten, ängstlichen und frustrierten Christen von heute muß Gott die Augen öffnen. Vance Havner sagt: »Unser Hauptproblem ist nicht das Licht, sondern die Sichtweise. Einem blinden Mann kann das Licht nicht helfen. Selbst viele Bücher über Engel werden uns nicht helfen, die Engel auch zu sehen. Was wir brauchen, sind Augen, die der Glaube berührt hat.«

Wir dürfen nicht so sehr mit Dämonen beschäftigt sein, daß wir die heiligen Engel vergessen. Natürlich stehen wir einem gigantischen Kriegsapparat gegenüber, aber wir sind auch von den himmlischen Heerscharen umgeben. Und diese sind so mächtig, daß es keinen Grund zur Besorgnis gibt — es ist der Krieg des Herrn. Wir können Satan und seinen Legionen mutig entgegentreten. Wir dürfen uns sogar die Einstellung des alten Hauptmannes zu eigen machen, dem man sagte, seine Einheit sei vollständig eingeschlossen, und der daraufhin sagte: »Wunderbar! Laßt keinen von ihnen entkommen.« Wenn unser Erdental auch voller Feinde ist, so können wir doch unsere Augen zu den Bergen aufheben und die heiligen Engel Gottes sehen, die bereit sind, für uns in den Kampf zu gehen.

Als Abraham seinen ältesten Diener zurück zu seiner Verwandschaft schickte, um eine Frau für Isaak zu suchen, sagte er mutmachend zu ihm: »Der Herr ... wird seinen Engel mit dir senden und Gnade zu deiner Reise geben« (1. Mose 24,40).

Gott versprach Mose in seiner Verzagtheit: »Mein Engel wird vor dir hergehen ...« (2. Mose 23,23). Die Bibel sagt uns auch, daß wir mitunter zwar Engel sehen können, sie aber nicht als solche identifizieren: »Gastfrei zu sein, vergeßt nicht; denn dadurch haben einige ohne ihr Wissen Engel beherbergt« (Hebr 13,2). Ob sie nun von uns Menschen wahrgenommen werden oder nicht, Engel sind auch in unserem 20. Jahrhundert aktiv und gegenwärtig. Sind wir uns ihrer Gegenwart bewußt?

Es war eine tragische Nacht in einer chinesischen Stadt. Banditen hatten die Missionsstation umzingelt, in der sich Hunderte von Frauen und Kindern aufhielten. Einen Tag zuvor hatte sich die Missionarin, Miss Monsen, mit einem Malariaanfall zu Bett legen müssen. Jetzt bedrängte sie der Versucher mit Fragen: »Was wirst du tun, wenn die Räuber kommen? Was ist mit den Verheißungen, auf die du so vertraut hast, wenn gleich die Schießerei beginnt?« Miss Monsen betete: »Herr, ich habe diesen Leuten hier jahrelang immer wieder gesagt, daß deine Verheißungen wahr sind. Und wenn sie sich jetzt für diese Menschen nicht als wahrhaftig erweisen, kann ich ihnen nie mehr etwas sagen, denn dann muß ich jetzt heimgehen.«

In der nächsten Nacht stand sie wieder auf, diente den verängstigten Flüchtlingen und sprach ihnen Mut zu. Gott würde sie befreien. Obwohl sich fürchterliche Dinge in der Nachbarschaft zutrugen, berührten die Banditen die Missionsstation nicht, sondern zogen ab.

Am nächsten Morgen wurde Miss Monsen von drei verschiedenen Familien aus der Nachbarschaft gefragt: »Wer waren denn die vier Männer, die die ganze Nacht auf eurem Dach Wache hielten? Drei saßen und einer stand ganz ruhig dort.« Als sie ihnen antwortete, es sei niemand auf dem Dach gewesen, wollten sie es nicht glauben. »Wir haben sie mit unseren eigenen Augen gesehen.« Dann sagte ihnen Miss Monsen, daß Gott noch immer seine Engel schickt, um seine Kinder in der Stunde der Gefahr zu bewahren.

Wir haben auch gesehen, daß Engel die Kinder Gottes versorgen, Elia z. B. haben sie Nahrung gebracht. Als er voller Angst, müde und entmutigt unter einem Wacholder lag, »rührte ihn ein Engel an und sprach zu ihm: Steh auf und iß!« (1. Kön 19,5). Gott hat verheißen: »Sind sie nicht allesamt dienstbare Geister, ausgesandt zum Dienst um derer willen, die das Heil ererben?«

(Hebr 1,14). Müssen wir denn annehmen, daß dieser Dienst der Engel vor Tausenden von Jahren aufhörte?

Als ich im Koreakrieg die amerikanischen Truppen besuchte, wurde mir von einer kleinen Gruppe Marinesoldaten der 1. Division, die im Norden des Landes eingekesselt wurde, folgendes berichtet: Bei über dreißig Grad unter Null waren sie dem Erfrierungstod nahe. Sechs Tage hatten sie nichts zu essen gehabt, und die Kapitulation vor den Chinesen schien die einzige Hoffnung zu sein. Aber einer von ihnen, ein gläubiger Christ, las einige Worte der Heiligen Schrift und sang mit seinen Kameraden ein Loblied. Unmittelbar danach hörten sie einen fürchterlichen Lärm und sahen einen Eber direkt auf sie zurennen. Als sie versuchten, ihm auszuweichen, blieb er plötzlich wie angewurzelt stehen. Einer der Soldaten hob sein Gewehr und wollte schießen, aber ehe er abdrücken konnte, fiel der Eber plötzlich um. Sie liefen hinzu, um ihn zu töten, stellten aber fest, daß er bereits tot war. Das Fleisch dieses Tieres gab ihnen ihre Kraft zurück.

Als am nächsten Morgen die Sonne aufging, hörten sie wieder ein lautes Geräusch. Ihre Angst, den chinesischen Patrouillen in die Hände gefallen zu sein, verflog, als sie sich einem Südkoreaner gegenübersahen, der englisch sprechen konnte. Er sagte: »Ich werde euch den Weg zeigen.« Er führte sie durch die Wälder und Berge, bis sie hinter den eigenen Linien in Sicherheit waren. Als sie dem Mann danken wollten, war er verschwunden.

Engel im Gericht

Bei unserer Frage, wie uns Engel heute helfen können, müssen wir noch einmal sorgfältig die Aufgabe der Engel im Gericht bedenken.

Ehe wegen der Sünde Sodoms Feuer und Schwefel vom Himmel fiel, sagte der Engel: »Denn wir werden diese Stätte verderben ... der Herr hat uns gesandt, sie zu verderben« (1. Mose 19,13).

In Daniel 7,10 sagt das Wort Gottes: »Und von ihm ging aus ein langer und feuriger Strahl ... Das Gericht wurde gehalten, und die Bücher wurden aufgetan.« An vielen Stellen weist die Bibel darauf hin, daß Gott durch seine Engel sein Gericht ausführen wird an denen, die Jesus Christus nicht als Heiland und Herrn annahmen. Jesus sagt zum Beispiel: »Der Menschensohn wird seine Engel senden, und sie werden sammeln aus seinem Reich alles, was zum Abfall verführt und die da Ärgernis und Unrecht tun, und werden sie in den Feuerofen werfen; da wird Heulen und Zähneklappern sein« (Mt 13,41-42). Und er sagte auch: »Es wird Tyrus und Sidon erträglicher ergehen am Tage des Gerichtes als euch« (Mt 11,22). Und wieder: »... daß die Menschen Rechenschaft geben müssen am Tage des Gerichts von jedem nichtsnutzigen Wort, das sie geredet haben« (Mt 12,36). Es ist aber nichts verborgen, was nicht offenbart wird und nichts geheim, was man nicht wissen werde« (Lk 12,2).

Gott zeichnet nicht nur alle unsere Worte und Taten auf, sondern auch die Gedanken und Motive unserer Herzen. Und eines Tages werden wir Rechenschaft geben müssen, und dann wird sich unsere Ewigkeit an der Frage entscheiden, ob wir Jesus aufgenommen oder abgelehnt haben. Paulus beschreibt das so: »Denn es ist gerecht bei Gott, mit Bedrängnis zu vergelten denen, die euch bedrängen, euch aber, die ihr Bedrängnis leidet, Ruhe zu geben mit uns, wenn nun der Herr Jesus sich offenbaren wird vom Himmel mit den Engeln seiner Macht in Feuerflammen Vergeltung zu üben an denen, die Gott nicht kennen und die nicht gehorsam sind dem Evangelium unseres Herrn Jesus« (2. Thess 1,6-8).

Die Gerechtigkeit erfordert, daß die Bücher des Lebens ausgeglichen werden, aber ohne ein letztes Gericht wäre dies nicht möglich. Auch die Gesetze wären ohne Bedeutung, wenn ihre Übertretung nicht bestraft würde. Schon die Vernunft sollte uns sagen, daß eine Zeit kommen muß, in der Gott die Hitlers, Eichmanns und Stalins dieser Welt zur Rechenschaft ziehen wird. Sonst gäbe es keine Gerechtigkeit in diesem Universum.

Tausende von Menschen haben ein schlimmes Leben geführt und anderen Menschen ihre üblen Machenschaften aufgezwungen, ohne daß sie dafür in diesem Leben zur Rechenschaft gezogen worden wären. Aber die Bibel sagt uns, daß eine Zeit kommen wird, in der die Unebenheiten ausgeglichen werden, wörtlich: »das Bergland eben« gemacht wird (Jes 45,2). An dem großen Tag des Gerichtes Gottes werden die Menschen ihn um Gnade anflehen — aber es wird zu spät sein. Menschen, die an jenem Tag Gott suchen, werden ihn nicht finden. Es ist dann zu spät. Sie könnten die Engel um Hilfe anrufen, aber sie würden nicht erhört werden.

Die Freude der Engel über die Errettung der Sünder

Die Engel werden nicht nur eine wichtige Aufgabe beim letzten Gericht Gottes übernehmen. Sie freuen sich auch über die Errettung der Sünder. Jesus erzählt in Lukas 15 einige bemerkenswerten Gleichnisse. Im ersten hatte ein Mann hundert Schafe. Als eins von ihnen verlorenging, verließ er die neunundneunzig in der Wüste, um das eine zu suchen. Als er es gefunden hatte, nahm er es auf seine Schultern und brachte es zurück zur Herde. Zu Hause versammelte er alle seine Freunde und sagte zu ihnen: »Freut euch mit mir; denn ich habe mein Schaf gefunden, das verloren war« (V. 6). Dann fährt Jesus fort: »Ich sage euch: So wird auch Freude im Himmel sein über einen Sünder, der Buße tut, mehr als über neunundneunzig Gerechte, die der Buße nicht bedürfen (V. 7).

Das zweite Gleichnis spricht von einer Frau, die eine wertvolle Münze verlor. Sie sucht überall, fegt ihr Haus sorgfältig aus. Als sie schließlich die Münze gefunden hatte, rief sie ihre Freunde und Nachbarn zusammen und sagte: »Freut euch mit mir, denn ich habe meinen Silbergroschen gefunden, den ich verloren hatte« (V. 9). »So, sage ich euch, wird Freude sein vor den Engeln Gottes über einen Sünder, der Buße tut« (V. 10).

Sagt uns Jesus nicht mit diesen beiden Gleichnissen, daß die Engel im Himmel auf jeden einzelnen Menschen schauen? Sie wissen von jedem Menschen auf dieser Erde, wie es mit seinem geistlichen Leben steht. Nicht nur Gott, sondern auch die Engel lieben uns. Sie wollen gerne, daß wir Buße tun und zu Gott finden, ehe es zu spät ist. Sie kennen die schrecklichen Gefahren der Hölle. Sie wollen uns auf den Himmel ausrichten, wissen aber gleichzeitig, daß dies eine Entscheidung ist, die wir ganz alleine zu treffen haben.

Ein reicher junger Mann kam eines Tages zu Jesus, kniete vor ihm nieder und sagte: »Guter Meister, was soll ich tun, damit ich das ewige Leben ererbe?« (Mk 10,17). Als Petrus seine gewaltige Pfingstpredigt hielt, »ging's ihnen (den Menschen) durchs Herz, und sie sprachen zu Petrus und den andern Aposteln: ... was sollen wir tun?« (Apg 2,37). Der äthiopische Beamte, der in seinem Wagen durch die Wüste fuhr, sprach mit dem Evangelisten Philippus. Plötzlich hielt er an und rief aus: »Was hindert's mich ...« (Apg 8,36). Zu mitternächtlicher Stunde fragte der Kerkermeister von Philippi Paulus und Silas: »Liebe Herren, was soll ich tun, daß ich gerettet werde?« (Apg 16,30). Auch der moderne Mensch unserer Tage stellt diese Frage. Sie ist alt – und doch immer wieder neu. Und sie ist heute so bedeutsam wie zu allen Zeiten.

Was müssen wir nun tun, um Freude bei den Engeln auszulösen? Wie wird man mit Gott versöhnt? Wie kann man Buße tun? Eine einfache Frage verlangt nach einer einfachen Antwort. Jesus hat alles ganz einfach gemacht – wir Menschen aber haben alles kompliziert. Er sprach zu den Menschen in kurzen Sätzen, gebrauchte Wörter, die alle kannten, und illustrierte seine Botschaft auf unvergeßliche Weise. Er verkündigte die Botschaft Gottes in einer Einfachheit, die viele Menschen erstaunt. Sie wollten kaum ihren eigenen Ohren trauen, weil die Botschaft so einfach war.

Der Gefängnisaufseher in Philippi fragte den Apostel Paulus: »Was muß ich tun, daß ich gerettet werde?« Paulus gab eine schlichte Antwort: »Glaube an den Herrn Jesus, so wirst du und dein Haus selig« (Apg 16,31). Dies ist so einfach, daß sich Millionen von Menschen daran stoßen und darüber stolpern. Der einzige Weg zum Heil ist der Glaube an den Herrn Jesus als dem persönlichen Heiland und Herrn. Wir müssen nicht zuerst unser Leben in Ordnung bringen. Wir müssen nicht erst bestimmte Gewohnheiten aufgeben, von denen wir annehmen, daß sie uns von Gott abhalten. Wie viele Menschen haben das immer wieder versucht und haben dabei versagt. Wir können so kommen, wie wir sind. Der Blinde kam so zu Jesus, der Leprakranke kam, wie er war. Auch du kannst in diesem Augenblick zu Jesus kommen — wo und wie du bist. Und es wird Freude sein bei den Engeln im Himmel!

Einige der größten und kostbarsten Worte, die in der Heiligen Schrift aufgezeichnet sind, hat Satan selbst gesprochen (wenn das auch nicht in seiner Absicht lag). Als er mit Gott über Hiob sprach, sagte er: »Hast du doch ihn, sein Haus und alles, was er hat, ringsumher beschützt. Du hast das Werk seiner Hände gesegnet, und sein Besitz hat sich ausgebreitet im Lande« (Hiob 1,10).

Wenn ich auf mein Leben zurückschaue, dann kann ich mich sehr deutlich an den Augenblick erinnern, als ich zu Jesus Christus als meinem Heiland und Herrn kam. Da war Freude bei den Engeln! Seither habe ich Tausende von Kämpfen mit Satan und seinen Dämonen auszufechten gehabt. Und wenn ich mich selbst und meinen Willen völlig Christus auslieferte, wenn ich im Glauben betete, dann hat Gott mich auch »ringsum beschützt«, dann hat er mich mit seinen Engeln wie mit einem Schutzwall umgeben.

Wie die Bibel sagt, ist es dem Menschen gesetzt, einmal zu sterben. Und wenn meine Stunde kommt, dann wird ein Engel dasein, um mich zu trösten und mir beizustehen. Er wird mir auch in dieser kritischsten Situation eine tiefe Freude und einen inneren Frieden geben und mich in die Gegenwart Gottes führen, wo ich dann allezeit bei dem Herrn sein werde. Gott sei gepriesen für den Dienst seiner gesegneten Engel!

hänssler

Billy Graham

Geboren um zu sterben?

Tb. 64 S., Nr. 70.669, ISBN 3-7751-1753-9

Geboren um zu sterben? Nein!? Leben ist doch mehr als das! Oder?
Billy Graham dreht die Frage um. Er fragt: »Wollen Sie geboren werden, um zu leben?«

Billy Graham

Was kommt nach dem Tod?

Tb., 268 S., Nr. 70.670, ISBN 3-7751-1754-7

Sie treibt Menschen um, die Frage: Was kommt nach dem Tod? Das Leben hier kann doch nicht alles gewesen sein! In allen Religionen, in vielen Sekten und von einsamen Mystikern wird der Zugang zum Jenseits gesucht. Gibt es letztgültige Antworten auf die Frage nach dem Tod? Eindrücklich geht Billy Graham auf die Generalfrage aller Menschen ein.

Bitte fragen Sie in Ihrer Buchhandlung nach diesen Büchern! Oder schreiben Sie an den Hänssler-Verlag, Postfach 1220, W-7303 Neuhausen-Stuttgart.